LA CONNAISSANCE

DU

MONDE EXTÉRIEUR

PAR

Georges LECHALAS

PARIS

AU BUREAU DES ANNALES DE PHILOSOPHIE CHRÉTIENNE

15, RUE RACINE, 15

1886

LA CONNAISSANCE

DU

MONDE EXTÉRIEUR

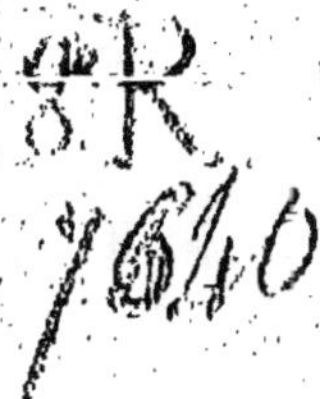

TOURS, IMPRIMERIE ROUILLÉ-LADEVÈZE

LA CONNAISSANCE

DU

MONDE EXTÉRIEUR

PAR

Georges LECHALAS

Extrait des *Annales de Philosophie Chrétienne*

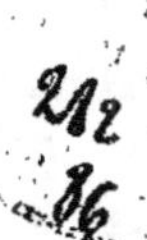

PARIS

AU BUREAU DES *ANNALES DE PHILOSOPHIE CHRÉTIENNE*

14, RUE MAYET, 14

1886

LA
CONNAISSANCE DU MONDE EXTÉRIEUR

L'école sensualiste du xviii° siècle, en rompant avec la philosophie spiritualiste que Descartes et ses disciples avaient fait briller d'un si vif éclat au siècle précédent, renonça en même temps à l'alliance intime que ceux-ci avaient toujours maintenue entre la science et la philosophie (1). Lorsque, plus tard, un retour se produisit vers les doctrines du xvii° siècle, ce mouvement fut dirigé principalement par Victor Cousin, qui ne songea nullement à restaurer les traditions scientifiques de ce siècle. De là est résulté que, dans les travaux, si précieux d'ailleurs, de l'école éclectique, la pensée cartésienne s'est bien souvent trouvée mutilée par l'élimination de tout élément scientifique. Mais, heureusement, des philosophes qui combattaient la métaphysique spiritualiste ont développé, au contraire, le côté scientifique de la philosophie cartésienne, en sorte qu'il est aisé de reprendre aujourd'hui l'examen des questions débattues au xvii° siècle, à un point de vue plus large que celui de l'école éclectique (2). Parmi toutes ces questions, nous choisirons celle de la connaissance du monde extérieur qui, comme l'a dit Stuart Mill, est le grand champ de baille de la métaphysique, non pas tant pour sa propre importance que parce qu'elle touche au plus familier de nos actes mentaux et qu'elle jette une vive

(1) Paul Janet, *Victor Cousin et son œuvre*, p. 319; Beaussire, *Revue philosophique de septembre 1885*.

(2) Est-il besoin de dire qu'en prenant le xvii° siècle pour point de départ de notre étude, nous ne le faisons nullement par dédain pour les siècles antérieurs? Les novateurs se figurent volontiers qu'ils ont tout changé; mais, en réalité, ils sont effet aussi bien que cause. Nos critiques portent sur ceux qui, venus après Descartes, n'ont pas su développer son œuvre, non sur ceux qui l'ont précédé.

lumière sur les différences caractéristiques entre les divers systèmes métaphysiques.

Il convient, afin de concentrer la discussion, de grouper ces systèmes de façon à écarter d'abord les questions secondaires. A première vue, il semble qu'on peut se contenter de deux catégories, celle des réalistes et celle des idéalistes, car on admet ou l'on nie l'existence du monde extérieur ; mais cette classification serait insuffisante, ne reposant que sur le point d'arrivée, alors que souvent, en philosophie, le chemin suivi offre autant, sinon plus d'intérêt. Or les réalistes sont loin d'être d'accord sur la façon dont nous connaissons le monde extérieur : les uns estiment que nous le percevons immédiatement, tandis que les autres, ne voyant, comme les idéalistes, que des sensations subjectives dans les prétendus faits de perception immédiate, croient seulement que de ces sensations nous pouvons inférer légitimement la réalité du monde extérieur. Cette dernière théorie part donc de l'idéalisme pour aboutir au réalisme, et l'on peut l'appeler un *réalisme hypothétique* ou un *idéalisme cosmothétique*.

La classification qui précède ne distingue pas les phénoménistes et les substantialistes, parce que cette dernière division des métaphysiciens est indépendante de la première, les trois théories que nous avons distinguées se partageant également les phénoménistes et les substantialistes : les phénoménistes réalistes se bornent à affirmer la réalité des phénomènes physiques, indépendamment des phénomènes psychiques, tandis que les substantialistes réalistes y ajoutent celle de substances qui supportent lesdits phénomènes. Nous ajouterons d'ailleurs que, le moment venu de faire un choix entre le phénoménisme et le substantialisme, nous nous prononcerions pour ce dernier ; mais nous le ferions sans discussion, notre étude ne portant pas sur le principe des substances. Nous croyons du reste que, à le bien prendre, tout ce que nous dirons peut être accepté par un phénoméniste.

Un rapide examen du réalisme proprement dit va nous montrer que l'on doit écarter la théorie de la connaissance immédiate du monde extérieur; puis nous constaterons combien l'idéalisme satisfait les exigences principales de notre esprit, et enfin nous essaierons de nous élever à un réalisme rationnel, tâche ardue, s'il en fut, et qui exige l'examen des principales questions de la métaphysique.

I

Réfutation du réalisme proprement dit. — Idéalisme

On peut prendre comme énoncé du réalisme proprement dit cette assertion de Hamilton, que nous sommes conscients immédiatement, dans la perception, d'un moi et d'un non-moi (1).

Examinons si cette connaissance immédiate du monde extérieur nous est réellement donnée par nos sens. Descartes a été amené à douter de leur témoignage par les rêves, les hallucinations et ce qu'on appelle les illusions des sens. On a prétendu écarter cette objection en disant qu'elle peut être élevée contre tous nos moyens de connaître, puisque nous sommes sujets à l'erreur dans tous nos jugements; mais cette réponse manque de solidité, par le motif que les méthodes vraiment dignes de foi doivent être susceptibles de se contrôler elles-mêmes : si un syllogisme aboutit à une conclusion qui ne soit pas d'accord avec les prémisses, il est toujours possible de trouver, par l'examen même du syllogisme, l'origine de l'erreur; celle-ci, dès lors, ne peut être invoquée contre la valeur de la déduction syllogistique. Il en serait de même du témoignage des sens, s'il ne nous induisait que dans des erreurs du type suivant : je vois un livre et, trompé par quelque ressemblance, je juge que ce sont les œuvres de Descartes, alors que ce sont celles de Malebranche. Dans ce cas, ma vue ne

(1) *Lectures*, I, 288; cité par Stuart Mill.

m'a point trompé, car elle peut se réformer elle-même, ou plutôt je n'ai qu'à regarder avec soin et à ne pas juger précipitamment. Mais il en est tout autrement dans une foule de cas, et les défenseurs les plus convaincus de l'autorité des sens en portent témoignage, quand ils nous donnent des règles pour éviter l'erreur dans la connaissance sensible. Voici, par exemple, Buffier qui déclare indubitable que le témoignage des sens est un genre de première vérité, s'il n'est contredit : 1° ni par notre propre raison ; 2° ni par un témoignage précédent des mêmes sens ; 3° ni par le témoignage actuel d'un autre sens ; 4° ni par le témoignage des sens des autres hommes (1). Ce sont là sans doute des contrôles qu'il est fort sage de donner au témoignage des sens, mais qui ne voit qu'aucun d'eux ne permet de distinguer par ses caractères propres un témoignage véridique d'un témoignage trompeur, et qu'ils ont, par suite, un caractère purement négatif ?

Nous n'insisterons pas sur ce point, car on peut toujours supposer que Buffier est seul coupable de n'avoir pas donné de meilleurs moyens de vérifier la certitude des sens. Mais, avant de nous engager dans une étude plus intime de la question, nous devons prévoir une objection qu'on nous a peut-être même déjà faite : nous parlons comme un réaliste, alors que nous ignorons si le monde extérieur existe. C'est volontairement que nous procédons ainsi. Les géomètres admettent souvent une proposition pour vraie, en déduisent des conséquences et, si ces conséquences sont fausses, concluent, *par l'absurde*, que la proposition primitive l'est aussi. Or, nous allons faire à peu près de même : acceptant le réalisme sans démonstration, nous allons voir si la science réaliste n'aboutit pas à des faits incompatibles avec la connaissance immédiate du monde extérieur.

Nous ne ferons que quelques remarques sur les rêves et les hallucinations, préférant insister sur les faits que

(1) *Traité des premières vérités*, 1ʳᵉ partie, chapitre xviii.

chacun peut observer facilement. Toute la valeur de l'argument tiré des hallucinations vient de l'absolue certitude de ceux qui en sont victimes; or, cette certitude ne laisse souvent place à aucun doute. Parfois le sujet résiste et oppose à l'évidence de ses perceptions les raisons qui ne permettent pas d'admettre leur réalité objective ; mais, si la lutte se prolonge, le témoignage des sens l'emporte, et le malade, qui peut d'ailleurs conserver toute sa raison, se déclare prêt à signer de son sang la réalité de ses visions. Certaines personnes qui ne peuvent se soustraire à l'irrésistible autorité de cet argument objectent que, s'il prouve bien contre l'ouïe et la vue, il est impuissant contre le toucher. Nous devons reconnaître que le toucher intervient généralement peu dans les rêves et les hallucinations ; sauf dans le cas de l'hypnotisme, on n'a que des observations peu nombreuses et généralement peu probantes, et nous n'oserions nous appuyer sur une observation isolée, quelque intéressante qu'elle soit, telle que celle que rapporte M. Taine, en annexe au premier volume de son ouvrage sur l'*Intelligence* (1). Mais nous voudrions montrer que l'on ne doit pas attacher une trop grande valeur à cette absence relative d'hallucinations et de rêves affectant le toucher. Chez la plupart des hommes, ce sens joue un rôle généralement sub-conscient : il sert à guider la plupart de nos actions, mais par une sorte d'intervention automatique, sans que nous analysions le détail des sensations. Aussi sommes-nous peu habiles à reconnaître un objet par le toucher seul, à moins que nous ne soyons accoutumés à le manipuler, auquel cas nous le reconnaissons à un détail quelconque ; mais la difficulté est grande, toutes les fois que nous devons déterminer directement la forme par le toucher. Dans ce cas, notre maladresse à associer les images tactiles

(1) On lira avec intérêt, dans la *Revue philosophique* de février 1886, une communication faite par M. Léon Marillier à la Société de psychologie physiologique au sujet d'observations personnelles.

est telle que nous traduisons généralement les données
du toucher en images visuelles ; puis, nous associons
celles-ci pour en former l'image totale de l'objet.

On peut donc dire que le toucher joue un rôle très
effacé dans notre vie psychique ordinaire, et dès lors
on ne saurait tirer aucune conclusion de sa faible intervention dans les faits hallucinatoires. Il serait fort intéressant de savoir quels sont les rêves et les hallucinations
des aveugles-nés, mais nous ne possédons aucune donnée
précise sur ce sujet ; il est très probable que l'ouïe y
joue un rôle considérable et que le toucher y prend,
dans une certaine mesure, la place occupée par la vue
chez les personnes ordinaires, car, chez les aveugles, le
toucher supplée la vue et prend une délicatesse extrême (1).
On remarquera d'ailleurs que, si le toucher proprement
dit apparaît peu dans les hallucinations, il n'en est pas
de même des sensations musculaires et organiques qui
appellent notre attention : c'est ainsi que Brierre de Bois-
mont rapporte divers cas où l'halluciné se croyait frappé
ou faisait de vains efforts pour échapper à des mains
invisibles (2).

Quoi qu'il en soit, nous préférons nous attacher à
des faits qui soient observables par tout le monde. Lais-
sant de côté, dans un but de brièveté, ce qui concerne
l'odorat, le goût et l'ouïe, qui semblent nous révéler moins
directement le monde extérieur, nous nous attacherons
à la perception visuelle et tactile, ainsi qu'à la connaissance de notre propre corps.

Il est d'abord évident qu'on ne peut parler de connaissance immédiate par la vue sans un véritable
abus de langage, puisque les corps n'agissent sur nos
yeux que par l'intermédiaire de rayons lumineux.
Cette simple observation, dont l'illusion causée par les
miroirs rend la justesse encore plus frappante, montre
bien, en ce qui concerne la vue, la vérité de cette

(1) Taine, *De l'intelligence*, tome II, liv. II, chap. II, page 172.
(2) *Des hallucinations*, pp. 97 et 596.

assertion de Helmholtz : « Les sensations sont, pour notre conscience, des signes dont l'interprétation est livrée à notre intelligence (1). »

A côté de cette remarque, absolument péremptoire, en voici une bien frappante : quelque versés que nous soyons dans les sciences physiques, il nous est impossible de ne pas voir les couleurs répandues à la surface des corps, bien que nous sachions parfaitement qu'il n'y a là qu'un phénomène de réflexion de vibrations ou d'ondulations. C'est un exemple du phénomène général si bien mis en évidence par M. Taine, d'après lequel nous situons nos sensations là où se trouve l'objet dont la modification entraîne celle de la sensation. Quand notre œil est dirigé vers un corps, nous avons plusieurs moyens de modifier la vision : nous pouvons nous détourner, fermer les paupières ou déplacer le corps contemplé. Le mouvement général du corps ou de la tête et l'interposition d'un écran en un point intermédiaire quelconque, ne sont pas de nature à donner par eux-mêmes une localisation, parce qu'ils sont trop indéterminés ; mais il peut y avoir localisation, soit à l'emplacement des paupières, c'est-à-dire à la surface extérieure du globe de l'œil, soit à celui de l'objet. Cette dernière localisation doit tendre à se produire de préférence : d'abord, elle est seule compatible avec la disparition de la vision par un déplacement du corps ou l'interposition d'un écran, et, en outre, l'occlusion des paupières ne peut provoquer que la disparition de la vision, tandis que les actions exercées sur l'objet transforment celle-ci de mille manières. Donc, dans les conditions normales, les sensations lumineuses doivent se localiser sur les objets et non sur la surface extérieure du globe de l'œil ; mais il doit en être tout autrement quand on vient d'opérer un aveugle de naissance, car il se trouve, d'une part, en possession d'une représentation tactile parfaitement orga-

(1) *Optique physiologique*, p. 1001. Notons que Descartes, au début de son traité du *Monde*, parle de signes et rapproche les sensations et leurs objets des paroles et des pensées qu'elles signifient.

nisée de la paupière et du globe de l'œil, tandis qu'il est absolument étranger aux associations visuelles et musculaires que nécessite la localisation sur les objets, en sorte qu'on peut prévoir que les nouvelles sensations s'agrégéront au groupe d'images tactiles et qu'il se produira une première localisation contre l'œil, localisation devant céder progressivement devant les expériences qui tendent à projeter au loin la sensation. On sait que c'est, en effet, ce qui arrive : le célèbre opéré de Cheselden disait que les objets semblaient d'abord « toucher ses yeux comme ce qu'il sentait touchait sa peau ». Il en était de même de celui de M. Nunnely, et le jeune homme du docteur Franz croyait avoir tout contre ses yeux un volet couvert de couleurs confuses.

En dehors du fait fondamental d'après lequel nous prêtons aux corps un phénomène purement psychique, ce qui montre bien que la vue nous trompe dans un cas où elle nous parle, semble-t-il, avec une invincible autorité, la discussion qui précède sur la localisation des sensations visuelles est évidemment sujette à contestation dans les détails ; mais il nous semble que l'on ne saurait méconnaître que, là où nous croyons sentir une perception immédiate, il se cache en réalité un jugement fort complexe. En tous cas, il reste à la charge particulière de la vue l'interposition des rayons lumineux entre l'objet et nos organes, ainsi que la grosse et invincible illusion de l'objectivité des couleurs. C'est plus qu'il n'en faut pour ruiner, en ce qui la concerne, la théorie de la perception immédiate.

Le toucher nous met en présence d'un phénomène à double face : le corps sur lequel nous promenons notre main nous apparaît comme extérieur à cette main, mais nous pouvons aussi percevoir la modification qu'il produit dans notre corps (compression de la peau), ainsi que l'effort musculaire que nous exerçons : cette dernière perception se rattache à la sensibilité organique dont nous parlerons tout-à-l'heure, la première constituant seule, à proprement parler, le sens du toucher.

On peut admettre provisoirement que la perception organique est immédiate, mais il paraît bien vraisemblable que la perception objective, qui a son origine dans les mêmes modifications physiologiques, en est une interprétation dissimulée sous l'apparence d'une perception immédiate. Une première confirmation de cette hypothèse résulte du fait que les vivacités de la perception organique et de la perception objective varient généralement en sens inverse l'une de l'autre; mais l'étude de la localisation extérieure fournit des raisons plus décisives. Tout le monde sait que, si l'on croise l'index et le médium, et si l'on fait rouler une petite boule sous ces doigts, on *croit sentir* deux boules : c'est une *interprétation* naturelle des modifications éprouvées par les surfaces normalement opposées des deux doigts, tandis que la théorie de la perception immédiate nous mettrait en présence d'une perception fausse.

Voici une autre expérience dont l'idée est due à Jean Müller ; on peut la reproduire sous mille formes, dont nous ne donnerons que la plus caractéristique selon nous. Prenez un petit morceau de carton rectangulaire, tel qu'une carte de visite, placez une diagonale à 45° environ sur l'horizon, saisissez l'angle supérieur entre le pouce et l'index, et, les yeux fermés, frappez avec l'angle opposé de petits coups sur un corps dur, une plaque de marbre, par exemple. Demandez-vous alors ce que vous sentez, ou mieux posez la question à une personne non prévenue, à laquelle vous ferez faire l'expérience. Elle vous répondra certainement qu'elle sent un petit choc à l'extrémité du carton. En dirigeant son attention sur les doigts, on sent d'ailleurs la petite torsion qu'éprouve la peau. Il va sans dire que, sous ces perceptions provoquées par le choc, subsistent celles qui résultent du seul fait qu'on tient le carton entre ses doigts, mais celle du choc, en tant que phénomène objectif, se localise à l'extrémité du carton, et non dans la partie que serrent les doigts. Faute d'habitude, on ne fait cette localisation que d'une façon assez vague ; mais il suffit de regarder un aveugle circulant avec facilité à l'aide d'un simple bâton, au moyen duquel il explore le terrain, pour reconnaître que, s'il n'a pas un œil au bout de son bâton, comme on le dit parfois, il est bien près d'y avoir une main.

Voilà donc une certaine sensation de pression et de torsion dans les doigts, seule sensation qui traduise réellement la modification de notre organisme, que nous projetons en dehors de nous, et qui paraît revêtir une tout autre forme, celle d'un choc entre deux corps durs : qui ne reconnaîtrait là une véritable interprétation de la perception immédiate? On remarquera, en outre, que cette expérience fait perdre au toucher ce privilége tant vanté de [percevoir les corps en contact immédiat avec nos organes, puisqu'il fonctionne également par l'intermédiaire d'un bâton qui remplace les ondes lumineuses, intermédiaire obligé du sens de la vue.

Il nous reste à examiner les sensations qui accompagnent les modifications de notre propre corps. Or, elles nous mettent en présence d'un fait analogue à celui que nous avons constaté à propos du sens de la vue : de même qu'entre l'objet aperçu et notre œil s'interpose l'ondulation lumineuse, de même entre la partie affectée de notre corps et le cerveau, dont les modifications provoquent nos divers états psychiques, s'interpose la transmission nerveuse, de quelque nature qu'elle soit. Ce fait intéresse d'ailleurs le sens du toucher, puisque, si l'objet palpé agit directement sur notre épiderme, il ne provoque la perception que grâce à ladite transmission nerveuse. Nous reviendrons tout-à-l'heure sur la portée philosophique de cet intermédiaire entre l'objet, qu'il soit un corps extérieur ou notre propre corps, et le sujet psychique ou le moi, après avoir étudié sommairement la localisation des sensations corporelles. On a maintes fois signalé les erreurs des amputés qui sentent des douleurs, des fourmillements, etc., dans les membres qu'ils n'ont plus : cela vient évidemment de ce que l'on rapporte habituellement les impressions transmises par les nerfs d'un membre à leurs extrémités et que l'on continue à opérer cette localisation après que les nerfs ont été tranchés, lorsqu'ils viennent à subir des excitations semblables à celles d'autrefois. De même également, si une circonstance anomale excite un nerf quelconque, dont l'origine est à la périphérie de notre corps, nous rapportons la sensation à cette origine : ainsi en est-il dans le cas d'un choc sur le nerf cubital où, à la sensation produite par la pression sur les extrémités nerveuses voisines, s'ajoute une sensation rapportée aux deux derniers doigts, et dans celui d'altérations des troncs nerveux et de la moelle épinière, qui font éprouver des douleurs et des fourmillements dans - les extrémités saines des membres.

Mais qu'arrive-t-il quand on est en présence d'une modification n'intéressant pas un nerf à extrémité périphérique? Tout le monde sait que nous ne localisons alors la sensation que d'une façon extrêmement vague, au moyen des modifications que peuvent y apporter les pressions et autres actions sur la surface de notre corps, ou encore les mouvements des membres affectés. Ce fait incontestable est expliqué de deux manières : ou bien, avec Maine de Biran, on attribue une puissance propre de localisation à l'action motrice, ou bien on regarde la localisation comme une association entre la sensation et l'image tactile ou visuelle d'une partie du corps; cette dernière théorie accorde d'ailleurs un rôle essentiel au pouvoir moteur et au sens musculaire dont l'intervention est indispensable à l'exercice de la vue et du toucher. Nous réservant d'étudier bientôt d'une façon plus générale la théorie de Maine de Biran, nous nous bornerons en ce moment à présenter la théorie de l'association des sensations et des images.

« Nous localisons, dit M. Rabier, une douleur présente à la conscience dans un organe présent aussi à la conscience, donc dans un organe *représenté*, dans un organe qui est une idée et non dans un organe objectif extérieur à la conscience. » Plus généralement, « projeter ou objectiver un état de conscience dans l'espace, c'est, à vrai dire, *associer* des *représentations* avec une *représentation*, des états de conscience avec un état de conscience, » car « l'espace que nous nous représentons est une *idée*, un *fait de conscience*, comme tout ce qui est dans notre conscience » (1).

Si cette conception est exacte, une image du lieu où se fait la localisation est une condition nécessaire de cette localisation, et si la vue et le tact donnent seuls des images spatiales précises, toute localisation précise suppose une image visuelle ou tactile. Or, il en est bien ainsi, et nous voyons maintenant pourquoi les sensations de couleurs peuvent être localisées à la surface externe de l'œil ou loin de notre corps, mais jamais à l'endroit où se produit l'excitation nerveuse, c'est-à-dire sur la rétine, attendu que nous n'avons ni image tactile, ni image visuelle de l'intérieur de notre œil. Plus généralement encore, nous ne localisons pas nos sensations dans notre cerveau, bien que là se trouve leur condition immédiate, tandis que nous pouvons parfois transporter une sensation d'un point à un autre, en évoquant dans la conscience une image ou une autre, comme dans l'expérience de la carte de visite. L'illusion des amputés n'a plus rien d'extraordinaire, car si l'amputé localise, après comme avant l'amputation, certaines douleurs dans sa jambe, « l'opé« ration de la localisation est la même dans les deux « cas : avant comme après l'amputation, c'est dans une « jambe *imaginée* qu'il localise ses sensations. » (2) Enfin on aperçoit pourquoi un physiologiste arrive à localiser des sensations internes dont il connaît l'origine, attendu que, à la différence du vulgaire, il possède une image de la partie affectée : la théorie de

---

(1) *Leçons de philosophie*, P. I. *Psychologie*, pp. 410 et 416.
(2) Rabier, *Psychologie*, p. 416.

Maine de Biran est radicalement impuissante à expliquer de telles localisations qui, du reste, nous devons l'ajouter, n'acquièrent jamais la stabilité de celles qui reposent sur des images fournies par une expérience directe et journalière.

Nous pouvons maintenant résumer cet examen de la connaissance du monde extérieur, que nous devons à l'action des corps étrangers sur notre propre corps et aux états de ce dernier, dans les trois propositions suivantes :

1° Entre tous les corps étrangers et notre moi est interposée une série de phénomènes physiques et physiologiques, si ce n'est dans le toucher où l'on pourrait ne pas voir d'intermédiaires physiques ; mais les perceptions dues à ce sens sont toujours subordonnées, comme l'action psychique de nos états organiques, à un intermédiaire physiologique, la transmission nerveuse, car les états cérébraux sont seuls suivis immédiatement par les phénomènes psychiques. Nous avons d'ailleurs réservé pour une discussion ultérieure les conséquences philosophiques de ce fait.

2° Les perceptions des hallucinés sont exactement semblables à celles des individus sains, elles entraînent la même irrésistible évidence. En sorte que « ce que nous appelons la réalité d'un objet perçu consiste en ce qu'il est l'objet d'une perception collective et commune, tandis que l'hallucination a un caractère individuel. Il existe un corps là où tous, et non pas seulement les hallucinés, voient des formes, des couleurs, éprouvent une résistance ; au delà nous ne savons rien. Le contrôle de nos impressions individuelles se trouve dans les impressions communes et ne peut se trouver que là ».

Cette déclaration d'un philosophe peu suspect de tendance à l'idéalisme, M. Ernest Naville (1), est une éclatante confirmation de ce que nous disions dès le début

____

(1) *Théorie de la vision. Revue scientifique* du 31 mars 1877.

de notre étude, à savoir qu'il n'existe aucun criterium intrinsèque de la véracité du témoignage des sens, en sorte que la perception n'est, si le monde extérieur existe, qu'une hallucination vraie, selon l'expression aussi exacte que paradoxale de M. Taine.

3° Enfin, nous avons reconnu que la localisation de nos sensations n'a aucune relation constante avec le point de notre corps où se trouve l'excitation première qui les cause, et qu'elle s'opère bien moins encore dans le cerveau, dont les modifications sont les causes immédiates de nos sensations. En réalité, nous situons nos sensations là où la vue ou le tact nous apprend que se trouve la cause première de nos sensations, que cette cause soit extérieure ou non à notre corps. La localisation n'est qu'une association de la sensation à une image ; parfois il nous est possible d'associer à volonté la sensation à l'image de l'objet extérieur ou à celle de l'organe percepteur, et alors il peut arriver que la sensation revête, suivant le cas, deux formes absolument distinctes : c'est ce qui arrive dans l'expérience de la carte de visite. Il est difficile de souhaiter une preuve plus saisissante du principe que nos sensations ne sont que des signes à interpréter et non des révélations directes du monde extérieur.

Voilà donc renversée la théorie de la perception immédiate du monde extérieur fondée sur l'action que le monde exerce sur nous : il nous faut étudier maintenant celle qu'on prétend tirer de notre propre action sur lui. Au fond, nous en avons déjà dit quelque chose, car nous avons constaté que le sentiment de résistance est sujet aux hallucinations, et nous avons recueilli à cet égard le témoignage particulièrement précieux de M. Naville. Dès lors, tout ce que nous avons dit à l'occasion des hallucinations s'applique aussi bien à notre action sur le monde extérieur qu'à l'action inverse. D'autre part, de même que le monde extérieur, notre corps compris, n'agit sur nous que par l'intermédiaire de notre cerveau, de même cet intermédiaire est indispensable à toute action de notre volonté sur notre corps et ceux qui l'environnent. Nous discuterons tout à l'heure les conséquences de ce fait général; mais nous voulons auparavant analyser le phénomème de l'effort volontaire dont on prétend tirer la connaissance du monde extérieur.

Maine de Biran admet « que la connaissance immédiate ou le sentiment de l'existence de notre corps, comme terme de l'effort voulu, est le seul fait primitif évident par lui-même, et que la connaissance du corps étranger n'en est qu'une déduction » (1). Voilà, réduite à sa plus simple expression, la théorie de la connaissance immédiate.

On remarquera tout d'abord que l'idée *d'effort voulu* doit subir un singulier déchet par rapport à ce qu'elle est pour un homme ayant déjà la connaissance visuelle et tactile de son corps, car nous devons en éliminer tout ce qui suppose cette connaissance, que *Maine de Biran* reconnaît n'être pas immédiate. Il est vrai que certaines personnes, telles que M. Rabier, qui pourtant repousse la théorie de l'effort, admettent que les mouvements de nos membres donnent lieu à des sensations musculaires qui prennent naturellement la forme de l'étendue et nous donnent une idée de notre corps, avec la distinction de ses diverses parties. Mais *peu nous importe actuellement*, puisque, d'après Maine de Biran, c'est l'effort voulu qui nous révèle notre corps, et que, par suite, nous n'en avons nulle notion avant cet effort. Donc la volonté en question n'est point celle de faire exécuter à tel' ou tel membre un mouvement déterminé; mais elle se réduit forcément à celle de provoquer telles ou telles sensations ayant accompagné précédemment un mouvement spontané, et alors le sentiment de l'effort se réduit à ce que nous ne pouvons faire renaître ces sensations musculaires, sans qu'il se produise une autre sensation *sui generis*, d'où nous ne saurions d'ailleurs

(1) *Œuvres inédites* publiées par M. Ernest Naville, tome II, p. 107. *Essai sur les fondements de la psychologie.*

tirer, selon nous, l'idée de notre corps. Quand, en effet, nous remuons nos membres, sans les regarder et en ayant soin de prévenir tout contact, soit entre eux, soit avec les corps extérieurs, nous n'éprouvons que des impressions très vagues et dont le semblant de localisation paraît bien dû à une association avec des images visuelles ou tactiles, sans lesquelles toute détermination précise disparaîtrait. Dès lors, que peut-on conclure du fait que la sensation d'effort s'ajoute malgré nous aux sensations voulues de mouvement (sans idée de mouvement), sinon que nous ne sommes pas les maîtres absolus de notre moi, fait qui résulte de tous nos états psychiques involontaires et qui ne nous mène qu'à un non-moi indéterminé, pouvant rentrer parfaitement dans la notion de Dieu.

Que peuvent donc invoquer les philosophes de l'école de Maine de Biran pour attribuer une telle importance à l'effort? Écoutons à ce sujet M. Ernest Naville : « Si nos muscles, dit-il, sont mus par un antécédent purement physiologique, j'aurai conscience du mouvement dont je ne m'attribuerai pas l'origine, qui pourra même subsister contre ma volonté, comme il arrive dans un état convulsif conscient. La sensation musculaire se distingue de toutes les autres lorsqu'elle résulte d'un acte volontaire. Le cas alors est différent; il y a un genre à part; mais ce n'est pas un genre de sensation, ou du moins il intervient dans le phénomène un élément irréductible aux modes purs de la sensibilité : l'effort. Quel est le sujet de l'effort ? Dire que nos muscles font l'effort, et que la sensation nous informe de l'effort de nos muscles, c'est confondre deux idées dont l'origine est absolument différente. Nous pouvons avoir conscience, par l'intermédiaire de la sensation, du *travail* de nos muscles, soit que ce travail résulte d'un antécédent purement physiologique, soit qu'il résulte d'un acte de volonté. Mais c'est dans ce second cas seulement qu'il y a *effort*. Le travail est une notion objective qui s'applique légitimement aux muscles ; mais il n'en est pas de même de la notion subjective de l'effort. C'est le sujet, le moi, qui a conscience de son effort, auquel les muscles cèdent en résistant. Cette résistance est accompagnée d'une sensation ; mais dans les modes actifs de l'existence, la conscience de l'effort est primitive, la sensation est subséquente, tandis que, dans les modes passifs, c'est la sensation qui est primitive, et l'effort subséquent, lorsqu'il y a réaction. La volonté est donc bien le point de départ du phénomène qui nous donne *la notion de l'extériorité*. Sans l'exercice de la volonté, nous n'aurions ni l'idée du corps propre ni l'idée des corps étrangers (1). »

Reprenons et discutons les diverses propositions de M. Naville. Il est d'abord incontestable que, dans le mouvement volontaire, il y a un élément qui ne se trouve pas dans le mouvement involontaire, à savoir la volonté elle-même, c'est-à-dire que le fait psychique des sensations est précédé d'un autre fait psychique de nature différente : là-dessus nous sommes parfaitement d'accord avec M. Naville. Mais, en dehors de ce fait, qui nous apprend simplement que nous exerçons une action sur nos sensations, nous ne voyons absolument rien qui nous révèle l'existence de notre corps et nous fasse connaître sa nature. Si l'on prend au pied de la lettre les expressions de M. Naville, il semble que le *travail* de nos muscles est un *travail résistant ;* or, il n'en est rien, car le travail musculaire est un travail moteur produit par la combustion des tissus, d'où résulte une différence essentielle entre la sensation de contraction musculaire et celle de flexion produite par une cause mécanique extérieure, attendu que, dans ce dernier cas, il n'y a pas dénutrition des muscles fléchis. On voit donc que la sensibilité musculaire comprend deux éléments distincts, l'un qui répond à la position et au mouvement du muscle, et l'autre qui est provoqué par les phénomènes de dénutrition accompagnant la contraction quand cette dernière existe. Mais d'où vient la distinction entre une contraction voulue et une contraction provoquée, par

(1) *La Physique moderne*, p. 291.

exemple, par une excitation électrique? Cette distinction a une base physiologique indépendante du fait propre de la volonté : le mouvement volontaire est provoqué par un influx nerveux parti du cerveau, comme le fonctionnement d'une locomotive est provoqué par l'ouverture de la prise de vapeur. Il y a toutefois cette différence, ordinairement, que l'influx nerveux doit per͏ ͏ pendant toute la durée de la contraction, tandis q᷍ mécanicien n'a rien à faire, une fois la prise de vapeur ouverte : cette circonstance se trouve réalisée très exactement dans le cas d'une marche régulière, où il semble que le mouvement, volontaire à son origine, se poursuit automatiquement sous l'excitation d'un centre nerveux inférieur, dont l'activité n'est pas accompagnée de conscience.

Quoi qu'il en soit de ces comparaisons, il résulte forcément de l'émission d'un courant nerveux par le cerveau une destruction de matière cérébrale, qui peut être accompagnée d'une sensation spéciale, analogue à celle que provoque un travail intellectuel exagéré. C'est cette sensation tout organique que nous croyons être l'élément caractéristique de l'effort voulu, en dehors du fait même de la volition. S'il en est ainsi, cette sensation, bien loin de pouvoir nous donner une idée précise de notre corps, doit être essentiellement obscure et, comme les autres sensations organiques, n'apparaître nettement à la conscience que dans les cas d'exercice exagéré de l'organe intéressé. Or, ce sont bien les caractères de l'effort, en dehors des sensations localisées dans le muscle : remuez votre bras d'une façon normale, sans le charger d'un poids étranger, et vous n'aurez conscience que de votre volonté et des sensations musculaires ; si, au contraire, vous soulevez un poids un peu lourd, outre que les sensations musculaires prendront une intensité bien plus grande, et même un caractère différent, par suite de la prédominance des effets de la dénutrition du muscle sur les sensations de flexion, vous éprouverez une vague fatigue dans la tête, en même temps qu'il se manifestera des phénomènes accessoires, tels que l'accélération des battements du cœur. On voit donc que l'action impulsive ne se révèle que comme une modification organique obscure et qui, à la différence des perceptions véritables que donnent la vue et le toucher, va toujours croissant avec l'intensité du phénomène, tandis que les perceptions s'obscurcissent dès que les excitations dépassent une certaine limite. Il nous paraît donc incontestable que cette prétendue vertu révélatrice de l'effort se réduit à une simple sensation organique.

Est-ce à dire que nous dénions toute valeur à la célèbre discussion de Maine de Biran sur la connaissance du monde extérieur? En aucune façon. Il est en effet le précurseur des psychologues de nos jours, qui ont si bien mis en évidence le rôle du mouvement et du sens musculaire dans la perception visuelle et tactile. A nos yeux, ce n'est pas une petite gloire d'avoir su reconnaître l'importance de cet élément de la perception, négligé par les philosophes précédents, et d'avoir montré la profonde vérité des vers de Lucrèce :

Necesse est
Consimili causa tactum visumque moveri (1).

Mais, doué d'une grande puissance de systématisation, Maine de Biran n'a plus rien vu en dehors de cet élément essentiel de la perception, qu'il a rattaché à la volonté, source de tout le développement psychique. Nous venons de reconnaître, si nous ne nous sommes trompé, que cet esprit exclusif ruine par la base la théorie de Maine de Biran ; on peut, du reste, contrôler les résultats de notre analyse psychologique par l'observation tératologique, dont les enseignements doivent être d'autant moins suspects aux philosophes attachés aux théories de M. de Biran que celui-ci a tiré un meilleur parti de l'hémiplégique du médecin Rey Régis, pour établir le rôle du mouvement volontaire dans la localisation des sensations.

(1) Lib. IV, v. 233 et 234.

Or, il est clair que si l'effort voulu suffit à nous faire connaître notre corps et nous le révèle immédiatement, la sensibilité cutanée ne doit jouer qu'un rôle accessoire dans cette connaissance. Il en est bien ainsi pour la vue, dont la perte n'altère pas nos relations avec notre corps; mais il en est tout autrement de la sensibilité cutanée. On a déjà maintes fois cité le cas du père Lambert, le blessé d'Austerlitz, pour en tirer telle ou telle conclusion; mais ce cas est assez instructif pour que nous reproduisions textuellement la relation dés *Annales médico-psychiques* de 1856, telle que M. Ribot la donne dans son ouvrage sur les *Maladies de la personnalité* : « Un soldat se croyait mort depuis la bataille d'Austerlitz, où il avait été grièvement blessé. Quand on lui demandait de ses nouvelles, il répondait : Vous voulez savoir comment va le père Lambert ? Il n'est plus, il a été emporté par un boulet de canon. Ce que vous voyez là n'est pas lui, c'est une mauvaise machine qu'ils ont faite à sa ressemblance. Vous devriez les prier d'en faire une autre. En parlant de lui-même, il ne disait jamais *moi*, mais *cela*. La peau était insensible, et souvent il tombait dans un état complet d'insensibilité et d'immobilité qui durait plusieurs jours. » Cette dernière phrase nous montre qu'il y avait insensibilité permanente de la peau et paralysie seulement temporaire ; c'est donc à la première qu'on doit rapporter le fait permanent que le père Lambert se croyait mort et que son corps n'était pour lui qu'une machine. Il voyait son corps et le remuait, mais la vue ne donne qu'une connaissance objective, et le fait relaté prouve que, en l'absence de la sensibilité cutanée, les sensations internes ne peuvent plus être localisées et perdent tout caractère spatial; quant à l'effort voulu, il se réduit naturellement à la volonté de remuer la machine et à des sensations organiques qui n'apprennnent plus rien, n'étant plus localisées (1). Cet

(1) On serait heureux de pouvoir citer d'autres cas analogues à celui du père Lambert; or, Saint-Simon nous a laissé un récit qui semble bien montrer que M. le Prince a présenté des phénomènes tout semblables ; mais l'ob-

exemple montre combien Condillac avait bien vu, quand il attribuait la distinction de notre corps d'avec les corps étrangers au fait que le toucher est double quand nous touchons notre propre corps. Cette opinion, d'après laquelle la connaissance de notre corps suit celle des corps étrangers, du moins en ce qu'elle s'en distingue, est absolument contraire à la théorie de Maine de Biran et parfaitement confirmée par l'observation du développement psychique de l'enfant : « Pendant une certaine époque de sa vie, dit le Dr Sikorski, l'enfant ne sait point distinguer entre lui et le monde extérieur. Son propre pied qu'il trouve pour la première fois, qu'il tâte, est pour lui un corps extérieur, un objet étranger comme tout autre objet, et l'enfant s'égaye de son propre pied comme d'une balle de Frœbel. Il faut beaucoup de temps et beaucoup d'exercices au jeune être avant qu'il parvienne à acquérir la connaissance de son propre corps et de ses limites (1). »

Ainsi l'observation tératologique et celle du développement psychique de l'enfant sont d'accord pour condamner la théorie d'après laquelle nous passons de la connaissance de notre corps à celle des objets extérieurs (2), et pour montrer que la vue et le toucher nous révèlent d'abord tous les corps au même titre, la comparaison entre les diverses données du toucher permettant seule d'établir une distinction bien nette entre les corps étrangers et notre propre corps (3). Ainsi se trouvent

servation n'a pas été faite scientifiquement. On la trouvera au chapitre xix du tome VI de l'édition Chéruel. L'origine physiologique de l'illusion de M. le Prince, qui se croyait mort, n'y est pas indiquée ; mais en écartant tous les troubles sensitifs dont l'absence ressort du récit de Saint-Simon, l'abolition de la sensibilité cutanée apparaît comme vraisemblable.

(1) *Le Développement psychique de l'enfant. Revue phil*, avril 1885.

(2) Nous ne saurions passer sous silence le fait que Wundt se prononce pour cette théorie si peu justifiée selon nous. (*Psychologie physiologique*, traduction Rouvier, t. II, p. 16.) Nous devons ajouter, du reste, q r'il se borne à une affirmation sans preuve.

(3) Nous disons *bien nette*, car le fait que notre corps nous est toujours plus ou moins présent peut servir à établir une certaine distinction, mais l'exemple du père Lambert prouve bien que ce fait est inefficace quand il est isolé.

pleinement confirmés les résultats négatifs de notre analyse du sentiment de l'effort, et nous pouvons tenir pour réfutée la doctrine de Maine de Biran. Il nous reste à reprendre l'examen des conséquences philosophiques du fait que les actions des divers corps, y compris le nôtre, sur nos états de conscience et celles de ces derniers sur les corps s'exercent toujours par l'intermédiaire du cerveau.

Pour nous, il résulte de ce fait que nous ne pouvons connaître immédiatement que notre cerveau, et comme il se trouve que nous ne le connaissons point, si ce n'est par une hypothèse qui l'assimile aux cerveaux qui ont été disséqués, on arrive à la conclusion que nous ne connaissons directement aucun corps. Pour clair que tout cela nous paraisse, nous n'en savons pas moins que tout le monde n'en conviendra pas, car il est peu de questions sur lesquelles les discussions philosophiques aient jeté plus d'obscurité. Voici, tout d'abord, Malebranche qui compromet une excellente cause en la soutenant mal. « Je crois, dit-il, que tout le monde tombe d'accord que nous n'apercevons point les objets qui sont hors de nous par eux-mêmes. Nous voyons le soleil, les étoiles, et une infinité d'objets hors de nous ; et il n'est pas vraisemblable que l'âme sorte du corps, et qu'elle aille, pour ainsi dire, se promener dans les cieux, pour y contempler tous ces objets. Elle ne les voit donc point par eux-mêmes, et l'objet immédiat de notre esprit, lorsqu'il voit le soleil, par exemple, n'est pas le soleil (1). » Hamilton, qui soutient la perception immédiate par le toucher, combat celle par la vue au moyen de considérations semblables : « Il est évident, dit-il, que si une chose doit être connue immédiatement, il faut qu'elle soit connue comme elle existe. Or, un corps doit exister dans une partie déterminée de l'espace, et dans un certain *lieu*, il ne peut donc être connu immédiatement comme existant que s'il est connu à *sa place*, mais cela suppose que l'esprit est immédiatement présent à cet

(1) *Recherche de la vérité*, livre III, 2ᵉ partie, chapitre ɪ.

objet dans l'espace. » Après avoir cité ce passage, Stuart Mill a bien raison de dire : « Je ne garantis pas la force du raisonnement, mais de tous temps les philosophes ont commis la faute de flanquer de mauvais arguments leurs bonnes raisons (1). »

Oui, Stuart Mill a raison de critiquer un tel argument, et Malebranche est moins excusable que tout autre de l'avoir proposé, car y a-t-il rien de plus contraire à l'absolue opposition qu'il professe entre l'esprit et l'étendue que cette localisation de l'esprit qui l'enferme dans le corps et l'empêche de communiquer avec le reste de l'univers ? Aussi prête-t-il singulièrement le flanc à la critique d'Arnauld ; mais celui-ci, de son côté, tombe dans des abus de langage aux conséquences desquelles il échappe ensuite, grâce à la netteté toute cartésienne de son esprit, mais qui ont défrayé maintes discussions d'où cette netteté est bannie. Arnauld pose, comme définition, qu'*un objet est présent à notre esprit quand notre esprit l'aperçoit et le connaît ;* étant d'ailleurs assuré qu'il connaît des corps, il en conclut que les corps sont présents à son esprit et écarte tout intermédiaire entre eux. Mais il a l'esprit trop scientifique pour ne pas tenir compte, au fond, de tous les intermédiaires interposés entre le corps perçu et notre moi ; aussi marque-t-il bien que l'objet propre de notre connaissance n'est point le corps. C'est ce qui éclate dans les contradictions mêmes du passage suivant : « Quand je connaîtrais un corps comme existant qui ne le serait pas, je me tromperais en cela ; mais il ne serait pas moins vrai que ce corps serait objectivement dans mon esprit, quoiqu'il n'existât pas hors de mon esprit, et ainsi je le connaîtrais selon la quatrième définition (2). » Ainsi, à prendre les mots au sens strict, Arnauld admettrait que ce qui n'est pas peut être connu et rejetterait le vieil adage : *prius est esse quam esse talis.* Il n'en est rien, bien entendu, et ce n'est là, sous sa plume, qu'une expression paradoxale de sa théorie des *modalités de l'âme essentiellement représentatives* sur laquelle nous reviendrons, mais qui n'a aucun rapport avec celle de la connaissance immédiate.

Que faut-il donc entendre par cette dernière expression? Dans un sens absolu, il n'y a de connaissance immédiate que celle des états de conscience; mais on peut encore appliquer cette expression au cas où il n'y a pas d'intermédiaire entre le sujet et l'objet, c'est-à-dire, en langage phénoméniste, à celui où le phénomène objectif est immédiatement suivi par le fait intellectuel de connaissance, ou, en langage substantialiste, à celui où le sujet et l'objet agissent directement l'un sur l'autre. Si ces conditions ne sont pas remplies, il est clair qu'il n'y a pas connaissance immédiate, mais seulement connaissance déduite d'autres données. Or, ce dernier cas est bien celui du monde extérieur, y compris notre propre corps, puisque la matière nerveuse et la matière cérébrale sont toujours interposées entre l'objet connu et notre esprit, tant au sens substantialiste qu'au sens phénoméniste; nous avons d'ailleurs remarqué précédemment que nous ne percevons pas notre cerveau, qui seul, d'après ce qui précède, pourrait être immédiatement perçu. Nous arrivons donc à la conclusion que la science réaliste du monde extérieur réfute elle-même l'hypothèse de la perception immédiate de ce monde, supposé réel.

Nous retrouvons donc ainsi, sous une forme générale, la conclusion qui était ressortie de l'analyse à laquelle nous avions soumis chaque fait de perception. Ainsi se trouve doublement réfuté le réalisme pur, d'après lequel la réalité du monde extérieur nous est immédiatement connue. Comme, d'ailleurs, tout ce que nous avons dit est en germe dans les œuvres de Descartes, nous pouvons dire avec Schopenhauer : « En posant son *cogito, ergo sum,* comme seul certain et en considérant préalablement l'existence comme problématique, il a trouvé le point de départ essentiel et légitime, en même temps que le point d'appui vrai de toute philosophie : lequel est essentiellement *subjectif* et réside *dans la conscience...* Aussi est-ce avec raison que Descartes est considéré comme le père de la philosophie moderne (1). »

Le réalisme pur se trouvant ainsi écarté, la conceptiou idéaliste s'impose au moins comme point de départ de la connaissance du monde extérieur. Mais, avant d'aborder l'étude de cette conception, nous voudrions écarter une objection qu'on ne peut manquer de nous faire: si tout ce que nous avons dit est exact, le réalisme pur est absolument incompatible avec la science positive; comment se fait-il donc qu'il ait été soutenu par des philosophes tels que Herbert Spencer et M. l'abbé de Broglie, qui tous deux s'appuient sans cesse sur la science expérimentale? Pour répondre à cette objection, jetons un rapide coup d'œil sur l'œuvre de l'un et de l'autre.

M. l'abbé de Broglie se présente tout d'abord avec cette affirmation : « Les substances sont un des objets de l'expérience (2). » Il établit cette proposition de la manière suivante : « Nous entendons, dit-il, par substance un être réel et concret, une chose ou une personne. Les corps réels étant des substances et l'expérience externe ayant pour but d'étudier les corps réels, de distinguer ces corps les uns des autres, d'étudier leurs propriétés et leurs mouvements, les *substances* sont un des objets de l'expérience. » Il faut reconnaître que, d'une part, il reste à savoir ce que sont ces êtres réels et concrets que l'on appelle des substances et aussi à prouver que l'expérience externe les atteint réellement. Sur le premier point, M. de Broglie est fort peu concluant : « Le caractère propre du phénomène, dit-il, c'est que son essence est de s'écouler : c'est la

(1) *Le Monde comme volonté et comme représentation*, tome II, chap. ı. Cité par M. Ribot.

(2) *Le Positivisme et la science expérimentale*, tome I, p. XLVII. Les *Annales de philosophie chrétienne* (avril 1881) ont publié une conférence de M. de Broglie contenant le résumé très précis de son grand ouvrage.

durée qui le contient, le détermine et le mesure. La substance au contraire est dans le temps sans être, si j'ose ainsi parler, pénétrée par le temps... La substance se distingue du phénomène par l'opposition entre la permanence et la succession. Elle se distingue de la qualité par un rapport d'une autre espèce. La substance est un être unique ; les qualités en sont les faces diverses (1). » Tout cela est fort bien dit ; mais nous ne voyons pas en quoi cela réfute l'idéalisme, qui fait toutes ces distinctions et les résume dans la proposition que les corps sont des *groupes de possibilités permanentes de sensations*.

Quand il aborde la seconde question, M. l'abbé de Broglie fait mieux que de développer des considérations conciliables avec les théories idéalistes : il réfute lui-même victorieusement le réalisme pur, dont il se donne pour le champion. « Nous ne nions point, dit-il, que ce ne soit au travers de certaines sensations subjectives que le corps ne soit connu... Nous croyons que les impressions subjectives, les images formées par la rétine, les sensations musculaires et cutanées, sont des éléments essentiels de la perception, que c'est au moyen de ces sensations que nous observons, et que notre observation consiste dans l'interprétation de ces sensations. » Puis, résumant le résultat de son étude de la perception extérieure dans quelques principes généraux, il formule de prime abord le suivant : « La perception extérieure consiste, en général, à interpréter certains signes sensibles de manière à former des notions objectives correspondantes (2). » On ne saurait vraiment poser avec plus de netteté le principe du réalisme hypothétique et condamner plus formellement le réalisme pur et la connaissance immédiate du monde extérieur. Ce n'est donc que par une contradiction singulière que M. l'abbé de Broglie a pu accumuler, d'autre part, les affirmations les plus absolues en faveur d'un réalisme

(1) Pages 81 et 89.
(2) Pages 324, 325, 475.

intransigeant et les critiques les plus acerbes contre tout ce qui touche à l'idéalisme.

En ce qui concerne Spencer, son réalisme s'affirme dans le passage suivant avec une netteté qui ne laisse rien à désirer : « Le postulat qui sert de point de départ au raisonnement métaphysique, c'est que primitivement nous n'avons conscience que de nos sensations, que nous sommes certains de les avoir, et que, s'il y a quelque chose au delà d'elles qui serve à en donner la cause, ce quelque chose ne peut être connu que par induction, en partant de ces sensations... Au lieu d'admettre que la connaissance primordiale et incontestable est l'existence d'une sensation, j'affirme, contrairement, que l'existence d'une sensation est une hypothèse qui ne peut se former avant que l'existence externe soit connue (1). »

Nous ne nous arrêterons pas sur la justification négative que Herbert Spencer donne de ce réalisme, mais ce qu'il appelle sa *justification positive* offre pour nous le plus vif intérêt : « Nous aurons montré, dit-il, la validité absolue de la conception réaliste, si nous trouvons qu'elle est un produit nécessaire de la pensée agissant suivant les lois de la pensée qui sont universelles (p. 464). » Il s'engage alors dans cette discussion justement célèbre, où il montre les états de conscience formant deux groupes composés des sensations et des images. Ces deux groupes présentent des caractères absolument opposés que Spencer analyse avec cette finesse d'observation qui est peut-être l'élément le plus remarquable de son beau génie ; le premier de ces groupes étant généralement vif et le second faible, on peut les désigner, pour la facilité du langage, par les termes d'*agrégat vif* et d'*agrégat faible*, sans attacher une valeur absolue à ces appellations. En sus des états ainsi classés, existent les états émotionnels, qui sont souvent très vifs, mais que l'ensemble de leurs caractères rattache à l'agrégat faible. Enfin une partie de l'agrégat vif se distingue du reste

(1) *Principes de psychologie*, tome II, p. 384, traduction Ribot et Espinas.

de cet agrégat parce qu'elle est toujours présente d'une manière plus ou moins distincte. Ce groupe spécial a une cohérence intime particulière, et ses combinaisons dans l'espace sont clairement limitées ; du reste, toutes ses combinaisons sont relativement restreintes, et ses changements les plus remarquables ont leurs antécédents dans l'agrégat faible. D'autre part, les changements de cette partie de l'agrégat vif produisent des changements dans le reste de cet agrégat.

Ce résumé si sec ne donne évidemment aucune idée des analyses si pénétrantes de Herbert Spencer, mais il suffit à notre objet, car il montre que, quand l'illustre philosophe anglais veut établir son réalisme d'une façon positive, il part précisément de ces états de conscience qu'il a déclarés consécutifs à la connaissance du monde extérieur, et montre qu'ils s'organisent en deux groupes ou agrégats s'opposant naturellement sous forme de moi et de non-moi ; le second agrégat comprend d'ailleurs une partie spéciale que nous appelons notre corps. Ici donc, comme dans l'œuvre de M. l'abbé de Broglie, nous voyons la condamnation formelle de l'auteur, puisque, au lieu d'une démonstration du réalisme pur, nous trouvons une explication du fait que certains de nos états de conscience s'isolent des autres, de façon à revêtir un caractère d'extériorité.

Ainsi, après avoir réfuté le réalisme pur, nous avons trouvé une vérification de cette réfutation dans le fait que ceux des philosophes qui soutiennent cette théorie sans mutiler leur esprit, par la suppression de tout élément scientifique, ne peuvent le faire qu'au prix des plus criantes contradictions. Il nous faut, dès lors, renoncer à prendre la conception réaliste pour point de départ ; l'idéalisme seul peut nous donner une base positive de discussion, et ce n'est qu'en partant de lui que nous pouvons espérer atteindre à un réalisme rationnel.

Nous n'avons pas à développer ici la théorie idéaliste, car ce travail a été fait bien des fois, notamment par Stuart Mill, qui, dans son examen de la philosophie de Hamilton, en a traité les points principaux avec une incomparable supériorité. Nous ne retiendrons, du reste, de sa discussion que les points essentiels, ne prétendant pas nous en tenir à l'idéalisme.

Notre notion d'un corps, si corps il y a, se réduit à la connotation des sensations qu'il nous fait éprouver, soit simultanément, soit successivement; c'est ainsi que notre notion d'orange comprend, outre les sensations d'une boule colorée, toutes celles qui suivent l'effort musculaire nécessaire pour *ouvrir l'orange*, soit dit en style réaliste. Il y a donc connotation avec les premières sensations de *possibilités* ou mieux de *nécessités conditionnelles* d'autres sensations. L'expérience nous apprend que les groupes ainsi formés ont tendance à réapparaître dans notre conscience; ainsi, après que la sensation volontaire d'occlusion des yeux a fait disparaître un groupe de sensations visuelles, la sensation de réouverture des yeux fait réapparaître le même groupe. Nous sommes donc en présence de *groupes permanents de possibilités de sensations;* toutefois ces groupes peuvent se modifier spontanément ou par suite de l'action des uns sur les autres, ce qui veut dire simplement, dans le second cas par exemple, que toutes nos sensations sont liées par des lois en vertu desquelles certains groupes réagissent sur d'autres groupes. On comprend sans peine que toutes les lois physiques doivent pouvoir se traduire en lois purement psychiques, puisque les phénomènes physiques, à supposer qu'ils soient réels, ne nous sont connus que par l'intermédiaire de nos sensations. Qui ne voit dès lors combien sont puériles les critiques de l'idéalisme fondées sur la prétendue contradiction entre la conduite des idéalistes et leur doctrine? Car les lois psychiques qui enchaînent les sensations leur dictent, sous forme de sensations volontaires, exactement les mêmes actes que les lois physiques, physiologiques et psychiques, combinées, dictent aux réalistes; ces actes identiques s'expriment seulement en deux langages différents.

Mais que parlons-nous de réalistes et d'idéalistes, car, si la matière est une illusion, nos semblables en sont une autre? Ainsi a-t-on souvent raisonné. Cousin lui-même, à qui son éclectisme faisait un devoir de comprendre tous les systèmes, Cousin, venu après Berkeley, ne conçoit pas que nos semblables ne subissent pas le sort des corps (1). Devons-nous donc croire que le pieux évêque de Cloyne cédait à une incompréhensible illusion dans son zèle pour le bien de ses frères, quand il célébrait les vertus de l'eau de goudron, dans sa *Siris*, et y niait ensuite la réalité de la matière? Non, Berkeley n'était pas si fou, et c'est encore à Stuart Mill qu'on doit d'avoir mis la question de nos semblables en dehors de celle de l'idéalisme.

C'est, en effet, avec une irrésistible logique qu'il nous montre l'identité de la question dans les deux hypothèses sur le monde extérieur. Si je suis réaliste, « je conclus que d'autres êtres humains ont des sensations comme moi, parce que d'abord ils ont un corps comme moi, ce qui, dans mon propre cas, est la condition antécédente des sensations; et ensuite parce qu'ils manifestent les actes et les signes extérieurs, qui, dans mon propre cas, sont, ainsi que l'expérience me l'apprend, causés par les sensations. » Si je suis idéaliste, mon corps est pour moi un groupe particulier de sensations et de possibilités de sensations, jouissant de cette propriété que les autres groupes ne deviennent capables de convertir en sensations actuelles leurs possibilités respectives de sensation qu'à la suite de certains changements de ce groupe particulier. Or, d'autres groupes semblables à celui-ci m'apparaissent, sans que leurs modifications évoquent un monde de sensations dans ma conscience; l'hypothèse qu'elles en évoquent dans d'autres consciences est confirmée par le fait que ces groupes présentent toutes les modifications qui, dans celui que j'appelle mon corps, suivent mes faits de

(1) *Premiers essais de philosophie*. Discours d'ouverture du cours de 1816.

conscience. On voit qu'il y a réelle identité dans les deux inductions (1).

Telles étant les choses, l'idéalisme nous fournit une théorie positive de l'univers, prétendu matériel, réduit aux faits de conscience, seuls observables directement, et en même temps qu'il substituait ce vrai positivisme à la métaphysique matérialiste d'Auguste Comte, Stuart Mill a rendu ce service éminent à la philosophie d'enlever tout intérêt pratique à la question du réalisme, en réfutant, d'une façon définitive, l'*argumentum baculinum* et le sophisme égoïste.

II

Réalisme hypothétique

M. Taine a cru voir, dans l'argument de Stuart Mill en faveur de la réalité de nos semblables, le point de départ d'une induction en faveur de la réalité des corps. Une pierre, dit-il, n'est pas une simple possibilité de sensations pour les esprits, car elle a le *mouvement* en commun avec ma main, et si le mouvement de celle-ci est accompagné d'une certaine sensation musculaire, l'analogie m'autorise à accorder à la pierre quelque sensation analogue, ou plutôt, pour tenir compte des différences, *un extrait prodigieusement réduit* de cette sensation musculaire.

A condition de ne désigner par le mot *mouvement* aucun phénomène objectif, mais seulement les sensations, visuelles par exemple, qu'il provoque en nous,

(1) *Philosophie de Hamilton*, traduction Cazelles, p. 230 à 232. Stuart Mill a déparé son admirable discussion en mêlant la question du phénoménisme à celle de l'idéalisme ; en outre, il y appelle les esprits comme les corps des possibilités permanentes de sensations (et de sentiments intimes en ce qui concerne les premiers). C'est appliquer une même expression à deux choses essentiellement différentes, car les sensations qui composent les corps n'ont de réalité que dans les esprits, ou, en d'autres termes, les corps ne sont que les lois objectivées suivant lesquelles se produisent les sensations réelles qui constituent les esprits dans la théorie phénoméniste.

l'argument de M. Taine ne saurait être réfuté, pas plus qu'il ne peut être vérifié ; mais alors il ne mène à peu près à rien, car que peut bien être un extrait prodigieusement réduit d'une sensation musculaire, la plus obscure de toutes les sensations? Ce que cela peut bien être, M. Taine n'est pas embarrassé pour nous le dire : c'est le *mouvement*, mais, cette fois, le vrai mouvement, celui de la mécanique ; et voilà établie la valeur objective de tous les faits géométriques, cinématiques et dynamiques. Beaucoup trouveront sans doute l'idéalisme positif préférable à un réalisme obtenu au prix d'une telle prestidigitation (1).

Cette extension de l'argument de Stuart Mill se trouvant écartée, voyons ce que vaut l'argument cartésien de la véracité divine, argument par lequel nous aurions dû commencer, si celui de M. Taine n'avait pas eu un droit de priorité comme se rattachant directement aux théories idéalistes.

On doit reconnaître, dès l'abord, que si la véracité divine est réellement intéressée à la réalité du monde extérieur l'argument fondé sur elle aura l'avantage d'enlever tout caractère hypothétique au réalisme indirect auquel il conduit. Mais Malebranche paraît l'avoir définitivement réfuté : « En philosophie, dit-il, nous ne devons croire quoi que ce soit que lorsque l'évidence nous y oblige. Nous devons faire usage de notre liberté autant que nous le pouvons. Nos jugements ne doivent pas avoir plus d'étendue que nos perceptions... Il est

---

(1) *De l'intelligence*, t. II, l. II, chap. 1. M. Taine formule incidemment l'argument suivant qui a été souvent reproduit. D'après l'idéalisme, le monde extérieur, en l'absence d'êtres sentants, n'est qu'une possibilité vaine ; or, la science reconnaît que les êtres sentants sont d'origine bien postérieure à celle du monde matériel. Cette prétendue contradiction entre la science et l'idéalisme n'est qu'apparente. Rien n'empêche, en effet, de déduire d'états de conscience réels une loi régressive permettant de poser, dans le passé, des états qui se seraient produits, si la série étudiée n'était pas d'origine plus récente. C'est ainsi qu'un mathématicien, en présence des nombres : 4 : 8 : 16 : 32..., conçoit la progression décroissante 2 : 1 : $\frac{1}{2}$: $\frac{1}{4}$ ..... comme antécédent logique de la série donnée.

vrai que nous avons un penchant extrême à croire qu'il
y a des corps qui nous environnent. Je l'accorde à
M. Descartes; mais ce penchant, tout naturel qu'il est,
ne nous y force point par évidence : il nous y incline
seulement par impression. Or, nous ne devons suivre,
dans nos jugements libres, que la lumière et l'évidence,
et si nous nous laissons conduire à l'impression sensible
nous nous tromperons presque toujours » (1). Stuart Mill
dit de même : « On ne peut affirmer que Dieu veuille que
nous fassions tout ce qu'une tendance naturelle nous
porte à faire. Dans toutes les théories du gouvernement
divin, le but qu'on veut atteindre, au point de vue moral
aussi bien qu'intellectuel, ce n'est pas de laisser aller
nos penchants naturels, mais de les asservir et de les
surveiller... En philosophie comme dans la vie ordinaire,
il y a plus de religion à voir les desseins de Dieu dans
les prescriptions et les délibérations de notre raison, que
dans celles d'un aveugle et puissant instinct naturel (2). »

C'est en vain qu'Arnauld appelait sa spécieuse argumentation à l'appui de la preuve de Descartes : il n'ar-
rivait qu'à l'étayer d'une façon peu solide, au moyen du
sophisme égoïste. Malebranche, il est vrai, proclamait
l'existence de la matière très-vraisemblable en vertu
même de la véracité divine; mais il nous semble qu'on
ne réfute pas à demi un tel argument : il est parfait ou
il ne vaut rien. Pour nous, nous n'en chercherons pas
un autre qui soit démonstratif, car, comme l'a dit Malebranche, Dieu a créé librement, s'il a créé, et, en dehors
d'une révélation, il ne peut exister une preuve véritable
de son acte libre (3). Nous posons donc nettement la

(1) *Recherche de la Vérité*, 6ᵉ éclaircissement.
(2) *Philosophie de Hamilton*, p. 160 et 161.
(3) Nous n'avons pas à parler de l'argument théologique de Malebranche,
qui échappe à notre compétence; mais on doit reconnaître sa grande valeur
au point de vue logique. Nous n'insisterons pas sur la puérilité des railleries faciles qu'a provoquées une preuve de l'existence de la matière fondée
sur un livre; mais nous montrerons combien Stuart Mill tenait l'argument
de Malebranche en haute estime : « Quiconque accorde les prémisses de
« Malebranche, dit-il, doit aussi accorder sa conclusion. » Un peu plus loin,
il ajoute : « Bien que je reste très disposé à écouter de nouvelles preuves,

question au point de vue hypothétique, et nous allons soumettre comparativement l'idéalisme pur et l'idéalisme cosmothétique à l'épreuve à laquelle n'a déjà pu résister le réalisme pur : celui des deux systèmes qui répondra le mieux aux besoins de notre esprit devra être réputé le plus vraisemblable.

Au premier abord, l'idéalisme pur paraît avoir l'avantage de la simplicité, car, ainsi que nous l'avons vu, il ramène à des lois exclusivement psychiques ce que le réalisme rapporte à un ensemble de lois physiques, physiologiques et psychiques. Mais il arrive parfois qu'un examen attentif découvre l'incohérence sous une simplicité apparente, tandis qu'un tout complexe manifeste une harmonie beaucoup plus satisfaisante pour la raison. C'est précisément ce qui se produit dans le cas actuel. Considérons, en effet, un phénomène quelconque, celui de la faim par exemple. Pour l'idéaliste, la faim est une sensation désagréable qui se manifeste un certain temps après ces autres sensations qui se résument dans le mot « manger ». Nous n'avons rien à objecter à cet énoncé, considéré comme une simple définition; mais nous devons remarquer que, si l'on s'arrête là, comme l'idéaliste, on est en présence d'un fait dernier et sans explication, et l'on ne voit pas de raison pour que la faim soit plutôt pénible qu'agréable, ni même pour qu'elle existe. Que si l'on nous objecte que la faim est motivée par ce fait que, en l'absence d'un renouvellement périodique des sensations de manducation, toute manifestation psychique disparaît bientôt, nous demanderons pourquoi ce lien bien plus étrange encore qui rattache l'ensemble des phénomènes psychiques aux plus insignifiants d'entre eux comme à un antécédent nécessaire.

La théorie réaliste est bien plus complexe, mais aussi plus satisfaisante pour l'esprit : il existe, indépendamment du monde psychique, un monde dit matériel, soumis à certaines lois, d'après lesquelles toute machine

« je ne m'attends pas à rencontrer un argument plus fort que celui de
« Malebranche. » (*Philosophie de Hamilton*, p. 248.)

productrice de travail consomme certaines matières dont la combustion est en rapport déterminé avec le travail et la chaleur produits. Le corps humain est une machine de ce genre qui brûle constamment et qui, par conséquent, doit être alimentée périodiquement, sous peine de destruction. A côté de ces phénomènes d'ordre matériel, en coexistent d'autres d'ordre psychique, qui ont leurs conditions d'existence dans les premiers, mais qui, par contre, réagissent sur ceux-ci et les dirigent. Il est dès lors parfaitement rationnel que la combustion sans renouvellement des organes soit accompagnée d'un phénomène psychique avertissant qu'il convient de renouveler l'approvisionnement, comme un sifflet automatique prévient le mécanicien que l'eau est trop basse dans la chaudière et qu'il faut alimenter; le dispositif naturel a d'ailleurs cette supériorité sur le second que son avertissement n'a pas seulement un sens conventionnel, mais que son caractère désagréable, puis douloureux si on ne lui obéit pas, est une incitation directe à satisfaire aux exigences de la machine.

Nous n'ignorons pas que, si l'on remonte de proche en proche, de phénomène à phénomène, on arrivera à quelque mystère inexplicable, tout aussi bien qu'avec l'hypothèse idéaliste; mais n'est-ce rien que d'obtenir un enchaînement de faits harmonieusement ordonnés, alors même qu'on n'arrive pas à la cause première des choses, et faut-il s'en tenir au principe que « la nature a horreur du vide », parce que l'explication, par la pression de l'air, de l'ascension de l'eau dans la pompe et du mercure dans le baromètre repose sur des faits qui ont eux-mêmes besoin d'explication et qu'on ne peut découvrir la raison dernière de tous ces phénomènes qui s'enchaînent logiquement entre eux?

Il serait aisé de multiplier les exemples pour montrer la supériorité de l'hypothèse réaliste, mais nous nous bornerons à signaler la liaison entre les représentations d'un même objet dues aux divers sens, liaison toute naturelle si l'objet a une existence propre, tandis qu'elle est une donnée dernière de l'expérience dans l'hypothèse idéaliste.

Les considérations qui précèdent donnent une certaine vraisemblance à la réalité du monde extérieur, mais elles ne nous apprennent rien sur sa nature ; en cherchant à lever le voile qui couvre celle-ci, nous allons rencontrer de nouveaux motifs pour croire à l'existence objective de la matière.

On éprouve toujours quelque embarras à reprendre une vieille théorie tombée dans le discrédit, mais l'histoire de la philosophie est là pour nous apprendre qu'aucune grande théorie ne périt : l'esprit humain va de l'une à l'autre, s'attachant de préférence à celle-ci, puis à celle-là, et finissant toujours par revenir à celles qu'il avait prétendu condamner à tout jamais. N'ayons donc pas honte de parler encore de ces qualités premières et secondes, que Locke emprunta à l'école cartésienne, tout en prétendant les inventer.

La théorie des qualités premières nous met immédiatement en présence de l'idée d'étendue qui, par le fait qu'elle donne naissance à la géométrie, soulève le problème fondamental de la métaphysique, celui de la relativité irrémédiable de la connaissance humaine ou de la possibilité, pour l'homme, d'atteindre la vérité nécessaire et absolue ; c'est en effet sur les sciences mathématiques que porte principalement ce grand débat. Or, nous ne saurions l'esquiver, car l'idée d'étendue est trop intimement unie à tous les concepts de la matière, d'une façon ou de l'autre, pour qu'il ne soit pas nécessaire d'élucider, autant que faire se pourra, une question aussi essentielle que celle de la valeur de la géométrie.

Nous nous trouvons en présence de deux opinions bien opposées : pour les uns, les vérités mathématiques ne peuvent pas ne pas être et sont forcément les mêmes pour toutes les intelligences, tandis que, d'après les autres, elles ne sont que le résultat d'associations inséparables nées de la seule expérience. La discussion porte, d'ailleurs, aussi bien sur l'arithmétique

que sur la géométrie. Nous ne voyons pas la possibilité de réfuter directement la théorie empirique, car comment prouver à quelqu'un qu'une vérité est nécessaire, quand, reconnaissant sa complète incapacité à concevoir le contraire, il nie pouvoir en conclure autre chose qu'une loi toute subjective ? En pareil cas, la seule chose à faire est de prendre ses explications des associations inséparables et de montrer qu'elles ne répondent pas à la réalité ; mais on ne réfute ainsi, il faut le reconnaître, que l'argument et non la théorie.

Voici d'abord un raisonnement fort ingénieux qu'emprunte Stuart Mill à un savant penseur contemporain, pour montrer que deux fois deux pourraient bien faire cinq : « Il y a un monde où, toutes les fois que deux couples de choses sont placées à proximité l'une de l'autre ou examinées ensemble, une cinquième chose est immédiatement créée et amenée sous l'examen de l'esprit au moment où il unit deux et deux. Assurément, ce n'est pas inconcevable. On ne peut dire davantage que cela dépasse le pouvoir de la Toute-Puissance. Eh bien, dans ce monde assurément deux et deux feraient cinq, c'est-à-dire que le résultat auquel arriverait l'esprit en considérant deux fois deux serait de compter cinq. On voit par là qu'il n'est pas inconcevable que deux et deux puissent faire cinq : mais, d'autre part, il est très aisé de voir pourquoi dans ce monde nous sommes tout à fait certain que deux et deux font quatre. Il n'y a probablement pas un moment de la vie où nous n'en fassions l'expérience. Nous le voyons toutes les fois que nous comptons quatre livres, quatre tables, quatre chaises, quatre hommes dans la rue, ou les quatre coins d'un pavé, et nous en sommes plus sûrs que nous ne le sommes de voir le soleil se lever demain, parce que notre expérience à ce sujet s'applique à une quantité innombrable de cas. Il n'est pas vrai que quiconque vient pour la première fois de voir ce fait en soit aussi sûr que nous. Un enfant qui vient d'apprendre sa table de multiplication est à peu près sûr que deux et deux font quatre, mais il lui arrive souvent de douter très fort que sept fois neuf fassent soixante-trois. Si son maître lui disait que deux fois deux font cinq, sa certitude en serait bien affaiblie (1). »

Comme il arrive souvent, il y a deux réponses à faire à ce raisonnement, l'une qui s'adresse plutôt à la forme qu'au fond et l'autre qui suppose un perfectionnement de l'énoncé. Tel qu'il est formulé, l'argument ne porte pas contre la certitude avec laquelle j'affirme que 45,834 et 12,708 font 58,542, car il est fort probable que je n'avais encore jamais ajouté ces deux nombres ; quant au léger doute que pourrait m'inspirer la crainte d'une erreur, il est évidemment hors de toute proportion avec l'absence de toute répétition de l'association, sans compter que le doute en question présente un caractère tout particulier sur lequel nous reviendrons bientôt d'une façon générale. Mais l'argument peut se mettre sous une forme beaucoup plus spécieuse : « L'opération de l'addition, dans sa forme primitive à laquelle se ramènent toutes les autres, consiste à réunir des groupes d'objets en nombres égaux aux nombres à ajouter, puis à compter combien il y a d'objets dans le groupe total. Si donc les objets se multipliaient, au moment du groupement, suivant une loi déterminée, on n'aurait aucun moyen de reconnaître la fausseté du résultat, qui passerait pour une vérité nécessaire. » Nous ne voyons pas comment on pourrait réfuter cette argumentation ; mais on remarquera qu'elle suppose qu'on ne puisse pas s'apercevoir de la multiplication des objets, car, si l'on s'en apercevait, on distinguerait la loi naturelle et la loi arithmétique, ce qui ferait disparaître toute erreur.

Dès lors on doit admettre également que nous ne savons pas si, dans notre monde, il y a multiplication ou réduction du nombre des objets, et par suite le savant penseur que cite Stuart Mill parle fort incorrectement,

(1) *Philosophie de Hamilton*, pp. 83 et 84.

quand il suppose qu'il n'y a ni multiplication ni réduction. Quoi qu'il en soit de cette critique, nous devons
constater que toute son argumentation proclame que
deux et deux font un nombre déterminé indépendamment
de notre intelligence, et qu'elle porte exclusivement sur
nos moyens d'arriver à connaître cette vérité nécessaire :
sous un scepticisme apparent se cache donc un éclatant
hommage à l'éternelle vérité.

Si de l'arithmétique nous passons à la géométrie,
Stuart Mill, cédant encore la parole au même penseur,
nous met en présence d'un argument tellement faible
que nous n'osons en retrancher un seul mot : « On pourrait aussi supposer un monde où deux lignes droites
enfermeraient un espace. Imaginez un homme qui n'a
jamais eu l'expérience de deux lignes droites par l'intermédiaire d'un sens quelconque, placez-le tout à coup
sur un chemin de fer s'étendant au loin sur une ligne
parfaitement droite à une distance indéfinie dans les deux
sens. Il verrait les rails, les premières lignes droites
qu'il eût jamais vues, se toucher en apparence, ou au
moins tendre à se toucher à chaque bout de l'horizon,
et il en conclurait, à défaut de toute autre expérience,
qu'elles enferment un espace, quand on les prolonge
assez loin. L'expérience seule pourrait le détromper.
Dans un monde où tout objet serait rond à la seule
exception d'un chemin de fer droit inaccessible, tout le
monde croirait que deux lignes droites enferment un
espace. Dans ce monde, par conséquent, l'impossibilité
de concevoir que deux lignes droites peuvent enclore
un espace n'existerait pas. »

On est vraiment stupéfait de voir un penseur tel que
Stuart Mill donner de telles pauvretés à titre d'éclaircissement de ses théories, car qui ne voit que son obser-
vateur ou bien n'a pas l'idée de ligne droite, ou bien ne
s'aperçoit pas que les deux files de rails répondent à
cette idée (1)?

(1) Nous aurions aimé étudier de près les théories de M. Taine, mais elles

Quoi qu'il en soit de tels exemples, la théorie empirique des mathématiques aboutit toujours à attribuer la conviction qu'elles inspirent à une expérience maintes fois répétée : si, par exemple, on est sûr que, dans une proportion, le produit des extrêmes est égal au produit des moyens, c'est parce que toutes les expériences faites à ce sujet ont conduit à ce résultat, paasé dès lors à l'état d'association inséparable. Cette conception est absolument contraire aux faits, car le moindre mathématicien distingue fort bien la démonstration, indépendante de la valeur propre des nombres et se formulant mieux, dès lors, sur des quantités littérales, de la vérification expérimentale, laquelle d'ailleurs a dû, à l'origine, servir d'excitateur pour l'esprit et lui fournir le théorème général à titre d'hypothèse. On peut, du reste, citer un véritable *experimentum crucis*. Il existe en effet, en algèbre, un pseudo-théorème, le *principe empirique de Descartes* (1), qui depuis plus de deux cents ans est appliqué chaque jour sans avoir jamais été pris en défaut et auquel les

nous entraîneraient beaucoup trop loin, attendu que sous une clarté apparente, sa métaphysique est très difficile à préciser. Nous nous bornerons donc à en dire quelques mots en note. M. Taine a très bien vu ce qui manque à la philosophie de Stuart Mill, laquelle méconnaît le *passage de l'accidentel au nécessaire, du relatif à l'absolu* (le *Positivisme anglais*, p. 136) ; il proclame que *l'expérience faite avec les yeux ou avec l'imagination n'est qu'un indice et que la raison est le véritable ouvrier de la conviction finale* (De *l'intelligence*, tome II, pp. 361 et 362). A ne considérer que ces passages si caractéristiques, nous serions tenté de nous déclarer entièrement d'accord avec M. Taine, mais il subsiste, croyons-nous, en dépit des apparences, un désaccord profond : il réduit la raison à *l'abstraction, faculté magnifique, source du langage, interprète de la nature, mère des religions et des philosophies* (Positivisme *anglais*, p. 115). Or, l'abstraction n'étant d'après M. Taine lui-même, que le pouvoir d'isoler les éléments des faits ou, d'après James Mill, que la suppression de la connotation, elle ne peut rien fournir de nouveau et nous laisse enfermés dans la sensation, si elle ne s'exerce que sur des sensations et des images, simples rappels de sensations.

(1) Nous rappelons que ce principe peut se formuler ainsi : « Quand un problème général comprend divers cas et est tel que ces cas diffèrent entre eux en ce que, dans les uns, certaines grandeurs sont comptées dans un sens, tandis qu'elles sont comptées dans les autres en sens contraire, la relation qui existe entre les valeurs numériques de ces grandeurs sera la même pour tous les cas, si l'on convient de regarder comme positives les grandeurs comptées dans un sens et comme négatives les grandeurs comptées en sens contraire. »

mathématiciens s'obstinent pourtant à refuser le caractère d'un véritable théorème, à tel point que ses applications ne sont reçues qu'à titre d'hypothèses jusqu'à ce qu'elles aient été directement vérifiées. Que de théorèmes de découverte plus récente ont conquis un autre rang dans la science ! Quand Mansel, le disciple de Hamilton, objectait à Stuart Mill que des associations aussi fréquentes et aussi uniformes que celles d'où dérivent, suivant lui, les vérités dites nécessaires sont incapables de produire plus qu'une conviction d'une nécessité purement relative, Stuart Mill reconnaissait que, s'il en était ainsi, sa théorie s'écroulait (1). Il est bien vrai qu'ici on croit à plus qu'une vérité relative et qu'on pense bien qu'une loi nécessaire gouverne ces phénomènes constants, parce que tel est le caractère général des lois mathématiques ; mais ce n'est là qu'une simple croyance, absolument différente de la conviction inspirée par les vrais théorèmes.

On le voit, la théorie de l'association est impuissante à expliquer les faits que révèle l'étude des sciences mathématiques, et il en est de même de toutes les théories empiriques ; aussi Leibniz écrivait-il à Malebranche que les *idées fausses et basses* de Locke, ses *notions populaires et superficielles* tenaient à ce que, *étant peu informé des connaissances mathématiques, il n'avait pas assez connu la nature des vérités éternelles* (2). Quant aux erreurs toujours possibles, vu la légèreté de l'esprit humain, enclin à juger précipitamment, elles n'ébranlent en rien la conviction du mathématicien dans la nécessité des vérités qu'il cherche à atteindre, et, s'il se trompe, il est toujours convaincu qu'il existe, dans la chaîne de ses raisonnements une *faute* contre la raison qu'il doit découvrir en suivant mieux celle-ci. C'est donc une métaphysique directement inspirée par l'observation la plus scrupuleuse des faits qui anime cette page si souvent citée de Fénelon :

(1) *Philosophie de Hamilton*, pp. 315 et 316.
(2) Victor Cousin, *Fragments de philosophie cartésienne*, p. 425.

« A la vérité, ma raison est en moi, car il faut que je rentre sans cesse en moi-même pour la trouver ; mais la raison supérieure qui me corrige dans le besoin et que je consulte n'est point en moi, et elle ne fait point partie de moi-même ; cette règle est parfaite et immuable, je suis changeant et imparfait ; quand je me trompe, elle ne perd point sa droiture ; quand je me détrompe, ce n'est pas elle qui revient au but. C'est un maître intérieur qui me fait taire, qui me fait parler, qui me fait croire, qui me fait douter, qui me fait avouer mes erreurs ou confirmer mes jugements... Ce maître est partout, et sa voix se fait entendre, d'un bout de l'univers à l'autre, à tous les hommes comme à moi... C'est cette raison supérieure qui fait que les géomètres chinois ont trouvé à peu près les mêmes vérités que les Européens. C'est elle qui fait qu'on juge au Japon comme en France que deux et deux font quatre...

« Chacun sent en soi une raison bornée et subalterne, qui s'égare dès qu'elle échappe à une entière subordination et qui ne se corrige qu'en rentrant sous le joug d'une autre raison supérieure, universelle et immuable. Tous les hommes sont raisonnables de la même raison qui se communique à eux selon divers degrés ; il y a un certain nombre de sages mais la sagesse où ils puisent, comme dans leur source, et qui les fait ce qu'il sont, est unique... Voilà donc deux raisons que je trouve en moi ; l'une est moi-même, l'autre est au-dessus de moi. Celle qui est en moi est très imparfaite, prévenue, précipitée, sujette à s'égarer, changeante, opiniâtre, ignorante et bornée ; enfin, elle ne possède jamais rien que d'emprunté. L'autre est commune à tous les hommes, supérieure à eux ; elle est parfaite, éternelle, immuable, toujours prête à se communiquer en tous lieux et à redresser tous les esprits qui se trompent ; enfin, incapable d'être jamais ni épuisée, ni partagée, quoiqu'elle se donne à tous ceux qui la veulent. Où est-elle cette raison parfaite qui est si près de moi et si différente de moi ? Où est-elle ? Il faut qu'elle soit quelque chose de réel ; car le néant ne peut être parfait, ni perfectionner les natures imparfaites. Où est-elle cette raison suprême ? N'est-elle pas le Dieu que je cherche ? » (1)

Bossuet, de son côté, a admirablement fait ressortir, dans sa *Logique* (2), le caractère de nécessité des vérités géométriques, caractère qui l'amène à cette conclusion: « En quelque temps donné ou en quelque point de l'éternité, pour ainsi parler, qu'on mette un entendement, il verra ces vérités comme manifestes : elles sont donc éternelles.—Si je cherche maintenant où et en quel sujet elles subsistent éternelles et immuables comme elles sont, je suis obligé d'avouer un être où la vérité est éternellement subsistante, et où elle est toujour entendue ; et cet être doit être la vérité même, et doit être toute vérité, et c'est de lui que la vérité dérive dans tout ce qui est et ce qui entend hors de lui. C'est donc en lui d'une certaine manière qui m'est incompréhensible, c'est en lui, dis-je, que je vois ces vérités éternelles ; et les voir, c'est me tourner à celui qui est immuablement toute vérité et recevoir ses lumières » (1).

Bossuet, on le voit, parle comme Malebranche et dit que nous voyons les vérités éternelles en Dieu ; mais, grâce à un esprit plus pondéré, il ne s'attache pas obstinément à une expression métaphorique et ne présente pas une comparaison empruntée aux sens comme l'énoncé rigoureux d'une théorie métaphysique. Pour approfondir la question fondamentale de la connaissance des vérités nécessaires, rien n'est plus utile que l'étude du fameux débat entre Arnauld et Malebranche. Sans doute, ce débat est affligeant, car il est triste de voir deux nobles et grands esprits se méconnaître à un tel point et mettre la charité chrétienne en tel oubli ; mais on doit reconnaître que, sans s'en apercevoir, ils approchent tous deux d'un terrain de conciliation et d'entente.

On sait que la discussion porte constamment entre

(1) *Traité de l'existence de Dieu.*
(2) Livre I, chap. xxxvi
(3) *Connaissance de Dieu et de soi-même*, chap. iv, § 5.

eux sur la question des modalités essentiellement représentatives comme les appelle Malebranche, qui reproche
à Arnauld de vouloir être à lui-même sa propre lumière
et de prétendre voir en lui-même les essences de toutes
choses et de l'Être infini même. A quoi Arnauld répond
que nous voyons l'Être infini, comme tout le reste, dans
la perception que nous en avons, mais que cette perception implique l'existence de l'Être infini, sans laquelle
cette perception ne pourrait avoir lieu. Il nous semble
qu'Arnauld a parfaitement raison quand il dit que nous ne
pouvons connaître aucune chose que grâce à une modalité de notre être, car enfin, si je ne puis nier que deux
et deux font quatre, cela tient évidemment à un phénomène subjectif, que je puis rapporter à une évidence
objective, mais n'existant pour moi qu'à la condition
d'une modification de mon être. D'autre part, du moment que cet état subjectif m'amène à proclamer qu'une
vérité est nécessaire et éternelle, je ne puis que reconnaître qu'il est produit en moi par un être éternel aussi,
en qui subsiste la vérité qu'il me révèle, à moins que je
ne prenne le parti de nier la légitimité de l'assertion
première, relative à la nécessité de la vérité perçue.

Dès lors, les métaphores sur la vision en Dieu et le
Maître intérieur reprennent la place légitime qui appartient aux figures de rhétorique, mais elles n'occupent
plus la place d'une formule rigoureuse. Dieu, souveraine
raison, agit en nous de la façon la plus immédiate, produit en nous cet état spécial qui nécessite notre adhésion
aux vérités nécessaires et qui ne saurait exister en l'absence de cette souveraine raison. On est amené, par
suite, avec M. Ollé-Laprune, à dire que nous avons un
sens divin qui nous révèle le monde des idées et des
vérités éternelles, comme le sens intime nous révèle notre
moi et comme les sens extérieurs, dit-il, nous mettent
en relation avec le monde matériel (1). On a vu combien
ces derniers sens soulèvent d'objections. Certains philosophes en tirent la conclusion que le sens divin est

(1) *La Philosophie de Malebranche*, tome II, p. 326.

également suspect quand nous voulons, grâce à lui, sortir du moi et entrer dans le monde de l'éternelle pensée : à ceux-là nous opposerons simplement les vérités mathématiques ; s'ils sont satisfaits des explications empiriques, nous ne saurions nous étonner qu'ils refusent de s'élever au-dessus du moi ; mais s'il leur est impossible d'accepter ces explications, qu'ils reconnaissent et adorent le Maître intérieur qui leur découvre à eux, êtres temporaires et bornés, des vérités éternelles et nécessaires, lois de toutes les intelligences en tous lieux et en tous temps. D'autres philosophes, tels que Victor Cousin, qui craignent d'ébranler la foi dans le sens divin, défendent énergiquement l'absolue autorité des sens extérieurs, comme s'il existait quelque solidarité entre eux : pratique à la fois anti-philosophique et dangereuse ; anti-philosophique, car elle fait juger une question d'après les conséquences que pourrait produire indirectement la solution ; dangereuse aussi, car elle expose de grandes vérités à s'obscurcir aux yeux de bien des hommes, s'il arrive qu'on vienne à réfuter des théories qui leur sont réellement étrangères, mais dont on les aura faussement déclarées solidaires.

Étant donc admis le caractère de nécessité des vérités géométriques, nous avons reconnu que ces vérités doivent faire l'objet d'une pensée éternelle, et elles nous ont ainsi fait sortir de nous-même ; mais elles ne nous ont pas révélé le monde extérieur, tel qu'on l'entend généralement. Pour essayer d'atteindre ce monde, examinons l'origine et la nature de notre notion d'étendue. Cette notion a incontestablement pour origine expérimentale certaines de nos sensations, en sorte que l'hypothèse la plus naturelle, au premier abord, est que les vérités géométriques sont des lois nécessaires de notre sensibilité, ce qui suppose que l'étendue est une forme de cette sensibilité, soit qu'elle appartienne à certaines de nos sensations, considérées isolément, soit qu'elle résulte de l'association de plusieurs sensations différentes. Voyons si l'observation paraît favorable à ces théories sur l'origine de l'étendue.

La première, connue sous le nom de théorie nativiste, admet que les sensations cutanées et visuelles nous donnent immédiatement la notion d'étendue, qui en est une forme essentielle. Nous ne saurions songer à entrer dans une discussion détaillée de cette théorie qui a provoqué tant d'études de premier ordre de la part des plus illustres philosophes contemporains; mais, partant de ce fait que la discussion des observations n'a pas permis encore de prononcer avec certitude la condamnation des théories nativistes ou des théories empiriques, nous allons examiner lesquelles de ces théories présentent les caractères les plus rationnels.

Pour le nativiste, nous l'avons dit, les sensations cutanées et les sensations visuelles ont essentiellement le caractère étendu : c'est là un fait dernier qui les distingue absolument des autres sensations. L'observation constate ce fait, sans qu'on puisse rien faire de plus : on est en présence d'un véritable *point d'arrêt*. Pour l'empirique, au contraire, l'étendue ne nous est point donnée dans une de nos sensations ; sa notion ne naît en nous que grâce à l'union de sensations musculaires de mouvement aux sensations des sens spéciaux. Peu importe la nature de ces dernières sensations, ce qui explique d'abord l'identité des espaces tactiles et visuels, identité qui, malgré toutes les apparences contraires, résulte de l'identité des deux géométries. D'autre part, si les théories empiriques sont exactes, il doit être possible de rendre compte du privilège du tact et de la vue ; or, il en est bien ainsi. Pour le montrer, nous emploierons le langage réaliste, ce qui nous est d'autant plus permis que nous admettons le réalisme à titre d'hypothèse à vérifier, dans cette partie de notre étude. Si l'on considère la main et l'œil dans l'exercice de leurs fonctions, nous voyons qu'ils présentent tous deux une surface sensible dont les divers points sont mis en relation avec les points à percevoir, et de telle sorte que chaque point extérieur n'impressionne qu'un point de l'organe et réciproquement. Pour arriver à une perception si nette, il faut d'ailleurs que le mouvement de l'organe amène successivement les divers points de l'objet à impressionner la partie la plus sensible de l'organe.

Si maintenant l'organe d'un autre sens ne remplit pas ces conditions, il est clair qu'on ne pourra s'étonner s'il n'évoque pas l'idée d'étendue. Or, c'est précisément le cas des sens autres que la vue et le tact. Chaque point sonore ébranle la totalité de l'organe auditif, ou du moins, si les fibres de Corti font une analyse des sons, de telle sorte que certains d'entre eux seulement vibrent sous l'action de sons déterminés, ce triage n'a aucun rapport avec la position du point sonore. L'ouïe ne peut dès lors nous donner l'idée d'étendue, mais seulement, des renseignements par suite de l'association de ses perceptions avec celles de la vue et du toucher.

Le goût est uni dans une large mesure au toucher en ce sens que la langue *touche* en même temps qu'elle *goûte*, bien que les deux sensibilités y soient inégalement réparties; mais c'est avec raison qu'on ne rapporte pas au goût les perceptions géométriques de la langue, parce que c'est la partie dissoute des corps qui, se mêlant au mucus, provoque la fonction gustative. Quant à l'odorat, il n'entre en relation avec aucune forme définie, et, du reste, les fibres nerveuses qui transmettent ses excitations au cerveau s'anastomosent de telle sorte que disparaît tout signe local distinguant les divers points de l'organe.

Il existe donc une différence essentielle entre les théories nativistes et empiriques, au point de vue de la valeur logique ; aussi n'hésitons-nous pas à préférer l'hypothèse empirique. Mais cette hypothèse peut revêtir elle-même des formes bien différentes. L'école anglaise, à la suite de Bain, s'est généralement prononcée pour l'association des sensations musculaires avec les sensations cutanées ou visuelles, les premières de préférence. Bien que Stuart Mill se soit contenté d'emprunter à Bain l'exposition de cette théorie, ce qui nous prive d'un de ces chefs-d'œuvre auxquels le chef du positivisme an-

glais nous a accoutumés, nous croyons qu'on peut regarder cette théorie comme impuissante à expliquer la
notion d'étendue, car, si elle rend compte, en apparence, d'une sorte de discrimination de l'*étendue li-
néaire*, elle ne peut passer de là à l'étendue à deux ou
trois dimensions qu'à la condition qu'on ait la notion de
direction. Or, on ne saurait emprunter cette notion au
fait que, partant d'une même sensation tactile, on peut
provoquer plusieurs séries différentes de ces sensations
au moyen de séries également différentes de sensations
musculaires.

L'école allemande, qui est moins préoccupée que
l'école anglaise de trouver la vérification d'une métaphysique empirique et qui, par suite, étudie les questions
expérimentales d'une façon beaucoup plus impartiale et
scientifique, est arrivée, avec Wundt, à la conclusion
que la notion d'espace résulte de la *synthèse* des sensations d'innervation centrale avec les sensations péri-
phériques qui, comme celles de la vue et du tact, four-
nissent un *signe local* caractérisant le point impres-
sionné (1). Si l'on regarde le mot *synthèse* comme
constituant une explication, nous sommes complétement
de l'avis de M. Rabier, qui professe peu de goût pour
cette chimie, ou plutôt cette alchimie mentale. Mais il
en est autrement, si l'on ne voit dans ce mot que l'énoncé
du fait que les deux ordres de sensations indiquées sont
nécessaires pour faire naître l'idée d'espace, mais que
leur association est impuissante à l'expliquer. On comprend d'ailleurs d'autant moins M. Rabier de tenir au
nativisme (2), qu'il reconnaît que la représentation de

(1) *Psychologie physiologique*, t. II, pp. 80 et 184. Wundt remarque
(p. 197) que Stuart Mill avoue que l'espace est un produit nouveau, résul-
tant d'une « chimie psychique ».

(2) M. Rabier admet trois étendues natives, ajoutant une étendue musculaire aux deux autres espèces. Nous avons déjà dit que le sens musculaire
seul est impuissant à donner l'étendue ; nous pouvons en indiquer maintenant cette preuve qu'il ne peut engendrer la géométrie. Cette considération
ne nous permet d'admettre qu'une étendue musculo-tactile et une étendue
musculo-visuelle.

l'étendue est essentiellement distincte des sensations, n'ayant pas de caractère intensif comme elles, et ne pouvant être accompagnée de plaisir ou de douleur.

Ainsi donc, l'idée d'étendue n'est pas enfermée dans quelqu'une de nos sensations et ne peut être engendrée par l'association de plusieurs d'entre elles ; mais elle est évoquée en nous à l'occasion de certaines sensations. Quoi de plus naturel alors que de supposer un monde étendu dont est évoquée en nous l'idée, à l'occasion des états psychiques qu'il y excite ?

Cette hypothèse est d'ailleurs parfaitement cohérente : les phénomènes qui se produisent dans une partie spéciale de ce monde matériel, que nous appelons notre corps, sont accompagnés d'états psychiques correspondants, et, d'autre part, ainsi que nous l'avons déjà vu, le monde extérieur à notre corps ne nous est connu qu'à la condition que chacun de ses points impressionne d'une façon distincte un point déterminé de notre corps, avec faculté pour ce dernier de préciser la perception par un mouvement qui amène l'action du point perçu sur le point où la sensibilité est la plus vive. Toute action différente du monde extérieur sur nos organes ne renferme pas les éléments mathématiques nécessaires à la détermination géométrique de l'objet, et, par suite, il ne peut en résulter qu'un état psychique ne revêtant pas la forme de l'étendue ou, pour parler plus exactement, n'évoquant pas l'idée de l'étendue.

On est donc amené à regarder l'étendue comme constituant l'essence du monde matériel, ainsi que l'a fait Descartes ; mais on se heurte à une grosse difficulté : l'étendue est continue ; or, tout continu est indéfiniment divisible, en vertu de sa définition même. L'*indéfinité*, comme le dit M. Dunan (1), est une possibilité inépuisable, et il y a contradiction à admettre quelque chose d'inépuisable dans le fini ; d'ailleurs, la divisibilité à l'infini entraîne l'existence d'un nombre infini de parties, con-

____
(1) *Les Formes à priori de la sensibilité*, p. 23.

ception dont l'absurdité a été maintes fois démontrée. Faut-il donc n'attribuer aucune réalité à l'étendue? Nous ne le pensons pas; seulement, il ne faut y voir, avec Leibniz, ni une substance, ni le mode d'une substance, mais un rapport entre plusieurs êtres, attendu que la variation continue d'un rapport n'entraîne pas la divisibilité à l'infini de ce rapport, puisque, au sens présent du mot, un rapport n'est pas divisible, étant une chose abstraite.

L'étendue, dès lors, ne constitue pas l'essence de la matière, dont nous pouvons dire seulement que les éléments inconnus ont entre eux des rapports qui constituent l'étendue, ce mot désignant l'objet de la géométrie, sans aucune alliance avec les images ou sensations musculaires, tactiles et visuelles qui l'accompagnent toujours en nous. Pouvons-nous trouver autre chose dans la matière? Descartes lui-même nous signale en elle un élément irréductible à l'étendue, la masse, quand il formule la loi inexacte de la conservation de la quantité de mouvement.

Mais le mouvement est une modification des rapports spatiaux, et cette modification se produit dans le *temps*. Ce dernier a exercé, comme l'étendue, la manie objectivante de l'esprit humain; toutefois, le sens commun est un peu moins rebelle à sa réduction à de simples rapports qu'à celle de l'étendue, parce que le temps nous apparaît assez naturellement à titre de rapports entre nos états psychiques. Les arguments donnés au sujet de l'étendue s'appliquent également au temps, cet autre *continu*.

Ceci posé, si nous considérons deux billes de même matière, mais inégales, heurtées successivement par une même bille animée de vitesses égales dans les deux cas, nous voyons que la plus grosse bille prend le mouvement le plus lent. Cette expérience et toutes celles dont elle est le type montrent que les corps n'entrent en mouvement que sous l'influence d'une cause, ce mot étant pris dans son sens purement expérimental d'antécédent constant, et que, toutes choses égales d'ailleurs, la même

cause produit un moindre mouvement quand elle agit
sur un plus grand volume. Si ensuite, au lieu de prendre
deux billes inégales de même matière, nous en prenons
deux égales mais de matières différentes, nous observe-
rons une inégalité dans les mouvements. On est donc
amené à concevoir que, à volumes égaux, les matières
différentes exigent des causes inégales pour prendre des
mouvements égaux : telle est l'origine de l'idée de
masse.

Si l'on nous objecte que cette origine doit être cher-
chée bien plutôt dans les variations de nos efforts musculaires, nous le reconnaîtrons volontiers : les deux
observations sont absolument concordantes, mais nous
préférons la première, parce qu'elle ne donne aucune
idée fausse sur la nature de la cause du mouvement et
sur celle de la *résistance* à ce mouvement qu'oppose la
bille d'abord immobile, tandis que, dans l'expérience
musculaire, il est trop facile de s'abandonner à des illusions anthropomorphiques et de prêter à la bille quelque
résidu de sensation analogue à ce que nous éprouvons
quand nous résistons à un mouvement au moyen d'un
effort musculaire. Sous cette forme, la résistance tombe
complétement sous les critiques de Stuart Mill et sous la
discussion si pénétrante que M. Dunan a publiée dans la
Revue philosophique (1); mais tout autre est la résistance
dont nous parlons. Le mouvement ne se produit ou ne
se modifie que sous l'action d'une cause, et cette cause
varie avec le volume et la nature du corps mobile; nous
ne voulons pas dire autre chose, quand nous disons que
le corps résiste au mouvement et que cette résistance
est proportionnelle à sa masse, fonction de son volume
et de sa nature.

Parti de cette conception générale qui n'a aucun caractère anthropomorphique et n'a aucune liaison nécessaire avec le sens musculaire, on arrive à une notion
tellement scientifique de la masse que, combinée avec

---

(1) *Les Théories métaphysiques du monde extérieur*, septembre 1885.

celles de l'étendue et du temps qu'elle suppose d'ailleurs, elle donne naissance à une science aussi rigoureuse que la géométrie, la mécanique rationnelle. L'expérience, appelée ensuite à vérifier l'application hypothétique de cette science à la nature matérielle, constate qu'elle explique les phénomènes qui n'avaient pas servi à en établir les bases. Cette vérification s'étend très loin, car les phénomènes si variés de la chaleur et de la lumière, par exemple, se ramènent complétement à des faits d'ordre mécanique; la gravitation est exactement dans le même cas, et, si l'on cherche parfois à la ramener aux lois du choc, ce qui serait un progrès évident, comme toute réduction de plusieurs lois à l'unité, la question a beaucoup moins d'importance pour nous qu'elle n'en avait avec la conception purement cartésienne de la matière: le seul point essentiel est que les phénomènes soient régis par des équations où ne figurent que l'étendue, le temps et la masse.

A ce point de vue, la loi newtonienne ne laisse rien à désirer; mais on doit reconnaître que certains phénomènes, tels que ceux que l'on rapporte à l'affinité chimique et même à la cohésion, sont encore rebelles à ce genre d'explication. Ce n'est pas à dire, toutefois, que certains indices ne permettent d'espérer, sur ces points, de sérieux progrès de la science; les beaux travaux de M. Berthelot sur les quantités de chaleur que développent les réactions chimiques ont montré que ces réactions obéissent à des lois calorifiques, c'est-à-dire mécaniques (1), et, d'autre part, la cohésion dépend essentiellement de la chaleur et de la compression, c'est-à-dire de la distance des molécules. Une remarque s'impose ici: la plupart des sensations de résistance sont dues à la cohésion, qui, on vient de le voir, est l'un des phénomènes les plus rebelles à l'explication mécanique; on peut juger par là combien la notion scientifique de résistance est étrangère à la résistance anthropomorphique de MM. Paul

____

(1) *Essai de mécanique chimique fondée sur la thermochimie.*

Janet et Herbert Spencer, et, par suite, à quel point elle est à l'abri des critiques de Stuart Mill et de M. Dunan.

Dans son bel ouvrage sur la *Physique moderne*, M. Ernest Naville a bien fait ressortir combien les confirmations expérimentales de la conception mécanique de la matière sont une justification de la distinction des qualités premières et des qualités secondes, ces dernières se réduisant à l'objectivation de nos sensations, tandis que les qualités premières appartiennent à la matière et en constituent tout l'élément connu. Mais il nous semble que, pour mettre en pleine lumière la valeur de cet argument en faveur du réalisme, il convient d'examiner un exemple particulier : prenons celui des *anneaux colorés*. Une lentille placée sur une plaque de verre fait apparaître une série d'anneaux alternativement lumineux et obscurs, et l'on explique ce phénomène en disant que l'œil reçoit deux ondes qui, suivant la variation de la différence entre les chemins parcourus, interfèrent alternativement de façon à ajouter les intensités lumineuses ou à les détruire. Les mesures de ce phénomène permettent d'ailleurs de calculer quelle doit être la longueur d'onde de la lumière simple que l'on a employée. Si ensuite on prend une lentille de convexité différente ou si l'on observe tout autre phénomène devant dépendre de la longueur d'onde, les résultats prévus au moyen de la longueur précédemment calculée sont exactement vérifiés par l'expérience. Dans ses ingénieuses analyses, Stuart Mill montre toujours que les prétendus phénomènes extérieurs peuvent être réduits à de simples possibilités de sensations ; or, dans le cas actuel, il ne s'agit pas de possibilités, mais bien plutôt d'impossibilités de sensations, car nul n'a jamais perçu l'onde lumineuse ni sa longueur. Ce que nous percevons, c'est la sensation de lumière, laquelle n'a aucun rapport sensible avec un mouvement ondulatoire ; si donc nous devons nous enfermer dans les sensations et les rappels de sensations, il nous faut absolument écarter ces ondulations qui ne nous ont jamais été données par notre sensibilité.

Mais alors l'optique devient un pur chaos et le lien rationnel qui unissait les phénomènes est irrémédiablement perdu ; si l'on songe qu'il en sera de même dans toutes les branches de la physique, on reconnaîtra que, si le réalisme demeure toujours à l'état d'hypothèse, il est peut-être la plus vérifiée de toutes les hypothèses (1).

Ainsi le monde extérieur existe, mais il ne ressemble guère au monde du sens commun : odeurs, saveurs, sons, couleurs nous appartiennent exclusivement, et il en est de même de toutes les objectivations auxquelles nous soumettons nos sensations cutanées et musculaires, en sorte que la connaissance sensible de ce monde se borne à la connotation de nos sensations. Mais ces sensations évoquent en nous des idées qui en diffèrent absolument, car ces idées d'étendue, de temps et de masse donnent naissance à des sciences composées de vérités éternelles et nécessaires. Ces idées et ces vérités, nous l'avons vu, supposent une intelligence éternelle comme elles et dont l'action sur nos esprits nous les révèle. Ainsi paraissent absolument distinguées et même séparées la connaissance sensible ou subjective et la connaissance rationnelle ou objective du monde extérieur, mais il se forme une curieuse association de l'une et de l'autre, car nous joignons de la façon la plus étroite notre sensation de couleur et l'idée de la forme géométrique du corps contemplé. Il en est de même, d'ailleurs, des sensations tactiles. Cette vérité a été mise en pleine évidence par Malebranche : « Pour voir un objet sensible, le soleil, un arbre, une maison, etc., il faut deux choses, la *modalité de couleur*, car M. Arnauld convient que la couleur est une modification de l'âme, et une *idée pure*, savoir l'idée de l'étendue ou l'étendue intelligible, car, lorsqu'on a un sentiment vif de lumière, attaché (on dirait maintenant *associé*), ou qui se rapporte à un cercle intelligible, rendu sensible par différentes couleurs, on voit le soleil,

(1) Dans une étude plus développée, nous n'aurions pas manqué d'insister sur l'argument tiré du principe de la conservation de l'énergie.

non tel qu'il est, mais tel qu'on le voit (1). » Il est rare, en effet, que l'évocation de l'étendue provoquée par les sensations soit conforme à la réalité, en sorte que cette évocation appelle une rectification ; mais il n'en est pas moins vrai que la sensation s'associe à l'idée de l'étendue. Cette psychologie associationiste a valu bien des railleries à Malebranche ; pour nous, nous la regardons comme un de ses titres de gloire, et nous la signalons comme une des nombreuses affinités électives qui rattachent l'école expérimentale contemporaine à l'école cartésienne, dont elle a malheureusement abandonné la métaphysique.

Nous sommes donc arrivé à donner notre adhésion à la théorie de la vision des corps en Dieu, dans la mesure, du moins, où nous l'avons donnée à la vision en Dieu des idées et vérités nécessaires. Ce sont, en effet, selon nous, deux théories indissolublement unies par la science expérimentale. Cette science nous apprend que les corps n'agissent pas directement sur nos états psychiques et que toutes les qualités sensibles de sons, de couleurs, etc. nous appartiennent exclusivement ; nous ne pouvons donc leur accorder que les propriétés rationnelles d'étendue, de temps et de masse, propriétés dont nous ne pouvons leur emprunter l'idée puisqu'il n'y a pas action directe d'eux sur nous. Malebranche avait bien vu que le seul fait de ravir aux corps leurs qualités sensibles devait ramener la théorie de la connaissance des corps à celle des idées nécessaires ; aussi disait-il que saint Augustin aurait renoncé à sa théorie de la connaissance directe des corps et aurait formulé la théorie de leur vision en Dieu, si les sciences avaient été plus avancées de son temps. Cette assertion, qui a naturellement provoqué bien des moqueries, nous paraît pourtant rigoureusement logique.

Pour terminer, nous allons examiner comment des philosophes qui adhèrent à une théorie plus ou moins

(1) *Réponse au livre des vraies et des fausses idées*, chap. VI.

voisine de la vision en Dieu, en ce qui concerne les idées et les vérités nécessaires, peuvent repousser absolument la même théorie à l'égard des corps : étudions, dans ce but, deux œuvres éminentes qui présentent cette contradiction, l'*Histoire de la philosophie cartésienne*, par M. Francisque Bouillier, et la *Philosophie de Malebranche*, par M. Ollé-Laprune.

M. Bouillier pose d'abord en principe que la théorie de la vision des corps en Dieu a pour origine unique ce prétendu axiome de métaphysique « que tout efficace appartient à Dieu seul (1) ». En réalité, les théories des causes occasionnelles et de la vision en Dieu sont parfaitement concordantes et peuvent se prêter un mutuel appui; mais la seconde s'établit fort bien sans faire appel à la première. Non-seulement nous-même avons laissé celle-ci absolument de côté, mais Malebranche ne demandait qu'une chose pour passer de la vision en Dieu des idées et vérités éternelles, que professait saint Augustin, à celle des corps, et cette chose était la connaissance du caractère purement subjectif des couleurs et autres sensations, dont les causes objectives se réduisent à des mouvements. Ce n'est point là un axiome de métaphysique, mais une théorie de physique que la science moderne confirme chaque jour. Il n'est pas surprenant, d'ailleurs, que M. Francisque Bouillier ne tienne aucun compte de cet ordre de considérations, car, en cela, il ne fait que se conformer au principe si nettement posé par Victor Cousin, au début de son cours d'histoire de la philosophie, pour exclure tout argument scientifique : « Les mathématiques et « la physique, l'industrie et l'économie politique ont un « seul et même objet, l'utile (2). »

M. Bouillier se demande ensuite comment nous découpons telle ou telle figure sur l'étendue uniforme. A cela nous répondrons que l'idée de l'étendue n'est pas une sensation vague, mais une idée si précise, quoique mysté-

(1) 3° édition, t. II, p 98.
(2) *Introduction à l'histoire de la philosophie*, 1re leçon.

rieuse à bien des égards, qu'elle nous permet de concevoir des formes n'ayant jamais frappé nos regards ; mais nous avouons ignorer comment nos sensations visuelles, cutanées et musculaires évoquent en nous cette idée d'espace et nous inspirent la croyance à des formes déterminées. La psychologie expérimentale éclaire les abords de ce problème ; mais, en le précisant mieux, elle n'en fait que ressortir davantage l'insondable mystère.

Dans leur opposition à la vision des corps en Dieu, MM. Bouillier et Ollé-Laprune croient trouver un excellent auxiliaire dans Arnauld, qui aurait enseigné la vue directe et immédiate des objets en eux-mêmes. Sans doute, il est facile de découvrir, dans l'œuvre d'Arnauld, des expressions parfaitement d'accord avec la théorie qu'on lui attribue ; mais Arnauld est cartésien, écoute les enseignements de la science et sait dès lors que les corps n'ont aucune action directe sur nous : il professe même que Dieu est l'auteur de nos sensations (1). Aussi l'avons-nous vu déclarer que la connaissance d'un corps est indépendante de son existence (2), ce qui est absolument contradictoire à une connaissance directe ; pour lui, *l'objet immédiat de notre pensée*, au regard de toutes choses, ce sont nos idées (3). Ces affirmations donnent son vrai caractère à la théorie d'Arnauld ; ainsi entendue, elle n'est peut-être plus, comme le croit M. Ollé-Laprune, *une revanche du sens commun contre l'esprit de système et de chimère*, elle ne suffit peut-être pas *à chasser toutes les chimères* (4), mais elle est la conception scientifique d'un homme qui ne peut adhérer à la vision des corps en Dieu, par la seule raison qu'il repousse la même vision des idées et vérités éternelles.

M. Bouillier, lui aussi, dit que, dans la doctrine de la vision des corps en Dieu, *il n'y a qu'erreur et chimère,*

(1) *Des vraies et des fausses idées*, chapitre XVI.
(2) *Des vraies et des fausses idées*, chapitre V.
(3) *Des vraies et des fausses idées*, chapitre V.
(4) *La Philosophie de Malebranche*, t. II, p. 20 et 21.

et M. Ollé-Laprune, revenant sur ce sujet dans sa conclusion, déclare encore que cette vision est *une inacceptable chimère*, lui que nous avons vu substituer, avec une si délicate intelligence des systèmes philosophiques, sa théorie du *sens divin* à la théorie bien voisine de la vision en Dieu des vérités éternelles. Chose étrange, il ne paraît pas avoir aperçu qu'il pouvait exister un lien entre la connaissance des corps et celle du monde divin, que cette dernière pouvait donner la clé de la première, car il a prononcé la condamnation sans appel de la vision des corps en Dieu, avant de formuler sa théorie de la connaissance des vérités nécessaires. Or, s'il est une chose qui nous paraisse résulter de notre discussion, c'est bien la solidarité des deux théories ; mais nos preuves, il faut le reconnaître, ont le défaut d'être d'ordre scientifique.

Notre humble essai s'adresse particulièrement aux rationalistes qui, demeurés fidèles en métaphysique aux idées dominantes de la philosophie cartésienne, ont négligé le côté scientifique de cette philosophie, côté qui réagit plus qu'ils ne le pensent sur la métaphysique elle-même. Nous nous regarderions comme grandement récompensé si des hommes tels que M. Ollé-Laprune reprenaient dans son intégrité, mais avec tous les avantages qu'offre la science contemporaine, la grande tradition cartésienne. Alors on n'assisterait plus au triste spectacle des chefs du spiritualisme accablant de sarcasmes les parties de notre patrimoine commun qui sont les plus propres à s'assimiler les progrès réalisés par les écoles expérimentales ; alors nous laisserions les adversaires de tout rationalisme et de tout platonisme traiter de chimère la vision des corps en Dieu, parce qu'ils en ont le droit, n'ayant pas meilleure opinion de celle des vérités éternelles (1).

(1) L'application du mot *chimère* à la vision des corps en Dieu n'est due ni à M. Francisque Bouillier, ni à M. Jules Simon (Introduction aux œuvres philosophiques d'Arnauld, p. xxxv), mais aux PP. Jésuites anonymes qui furent chargés de confondre le P. André (voir l'Introduction aux œuvres philosophiques de ce dernier par Victor Cousin, p. clxxviii).

Et maintenant, si quelque railleur s'apprête à nous appliquer irrévérencieusement certain souvenir classique, nous lui ôterons ce plaisir en nous écriant nous-même :

Ah ! chimères ! ce sont des chimères, dit-on.
Chimères, moi ! Vraiment, chimères est fort bon !
Je me réjouis fort de chimères, mes frères ;
Et je ne savais pas que j'eusse des chimères.

Georges LECHALAS.

1851 — Tours, imp. Rouillé-Ladevèze.